U1075059

中国劳动经济学
China Labor Economics

目录

CONTENTS

论　文

文献综述

目录

CONTENTS

Papers

Literature Review

社会转型期的劳动者权益维护制度及其绩效

——基于中国劳动者权益维护的实证分析

张　原*

摘　要　劳动者权益维护是中国迈入中等收入水平国家行列后面临的重大问题。近年来国家层面维护劳动者权益的法律、法规和政策框架日趋完善，但维权效果却并不尽如人意。所有制和城乡户籍分割是主导劳动者权益维护的核心因素，维权问题突出的农民工群体虽然逐渐受到政策关注，但实际权益提升缓慢，体制内外劳动者的权益相差悬殊；人力资本要素和工会力量的作用相对较弱，基层劳动者通过提升个体素质或集体声音改善权益状况的渠道有待进一步疏通。劳动者多样化的维权需求虽然能在政策制定中得到反映，但是工会主要依据国家需要行使维权职能，因此相对民主政治、依法维权、工时等权益而言，国家政策关注的就业权益在当前的制度框架中更受到重视。总体而言，中国的维权制度并非部分研究所描述的那样没有对劳动者权益维护产生正面影响，而是表现为“局部

* 张原，中国劳动力关系学院，E-mail：zhangyuan5566@163.com。作者感谢审稿人的建议，以及国家社会科学基金项目“平衡中国劳动力市场灵活性与稳定性的模式研究”（编号：10BJY029）对本文的资助，文责自负。

有效性”和“供需非均衡”并存。

关键词 劳动者权益；工会；劳动关系

一 问题提出

20世纪90年代中期以来，伴随着经济体制改革的深化，中国劳动力市场建设取得了长足进展，劳动关系主体双方日趋明晰化和契约化，劳动关系三方协调机制框架初步形成。然而，随着中国迈入中等收入国家行列，① 劳动关系领域开始面临越来越多的尖锐矛盾和复杂问题，劳动者权益受损的情况屡屡发生。全国各级劳动争议仲裁机构受理的劳动争议案件已经从2005年的31.4万件上升到2009年的68.4万件，年均增长率高达27.1%；② 2009年富士康跳楼事件、吉林通钢事件、2010年广东南海本田停工事件等进一步引发了全社会对于劳动者权益维护问题的关注。科学管理劳资博弈、合理疏导劳资矛盾成为国家不得不解决的重大课题，也是中国能否成功跨越“中等收入陷阱”的关键之举。

劳动者权益状况不容乐观的事实不断考验着已有的维权制度，目前我国的维权制度框架主要包含三个层次：首先是中央政府作为维权法律和政策的制定者，从制度层面决定着维权的目标和主体；其次是地方政府、劳动监察部门以及以中华全国总工会为代表的各级工会组织担负着维护工人权益的主要执行任务；与上述两个层次正式制度并存的则是由

---

① 2009年中国的人均GDP超过3700美元，依据亚洲开发银行和世界银行的定义，中国已进入较高的中等收入国家行列（3500～11000美元）。资料来源：中华人民共和国2009年国民经济和社会发展统计公报，中华人民共和国国家统计局，网址：http：//www.stats.gov.cn/tjgb/ndtjgb/qgndtjgb/t20100225_402622945.htm。

② 数据来源：2005年数据来自《中国劳动统计年鉴2006》，2009年数据来自人力资源和社会保障部2009年第四季度新闻发布会，中国网：http：//www.china.com.cn/zhibo/2010-01/22/content_19260918.htm。

劳动者自发建立的工人维权组织①（柏宁湘，2001；曹筠武，2005；江立华、胡杰成，2007），以及以维权为目标的劳动关系群体性事件。深入解读我国的维权制度，无疑对分析劳动者权益现状、维权效果以及未来的政策选择具有重要的意义。

为了勾勒当前我国维权领域的正式制度框架，附表1整理了2005年以来由中共中央、全国人大常委、国务院、各部委和中华全国总工会出台的法律、法规和条例所形成的政策体系，不难发现，单从政策本身来看，近年来我国制度层面的“维权供给”表现出四方面的显著特征。

首先，维权覆盖面扩大和针对重点群体并举。2005年以来，与劳动者权益维护相关的政策覆盖了所有劳动者的大约41.3%，同时，对于劳动者权益受损较为集中的群体则出台了专项政策，其中涉及的农民工群体，改制国有、集体企业劳动者，地方、基层、非公有制企业、小型企业的劳动者分别占到了23.9%、15.2%和13.0%。其次，数量增长和种类完善共同推进。2005～2010年仅中央层面平均每年就出台近8项与劳动者权益维护相关的政策，目前已经覆盖就业、依法维权、劳动报酬、社会保障、民主政治、劳动安全与卫生、培训、组建和加入工会、工时和休假以及精神文化权益等方面，几乎囊括了劳动者权益的所有内容，并且政策重点为就业权益。再次，政策制定层和直接执行层配合密切。从政策出台的时间来看，党中央、全国人大常委、国务院及各部委制定的维权政策在整个正式制度框架内具有显著的“先行性”和“指导性”；而以全国总工会、各级工会组织以及地方政府、劳动监察部门形成的维权执行机制则与中央层面的制度供给层密切配合，其政策措施具有相对较高的“实操性”，体现出

① 一些研究发现，2000年之后中国部分地区出现了“同乡会”“兄弟会”“联谊会”“劳动者协会”“工人福利会”“员工俱乐部”等由地缘关系组成的自发性维权组织，承担了劳动者维权的部分职能。

"党政主导、工会运作的维权格局"。① 最后，"维权需求"拉动"维权供给"的制度构建模式。与维权相关的重大专项政策出台往往伴随着前期劳动者权益受损的重大事件，比如困扰中国劳动力市场的就业问题、农民工劳动合同签订率低和欠薪问题、国有企业改制过程中出现的各种劳动者经济补偿和社会保障问题以及以煤矿行业为代表的重特大安全事故等，劳动者的维权诉求最终会以政策条文的形式反映在正式制度架构内，尽管有或长或短的滞后期，维权的制度供给还是能够在一定程度上响应劳动者的维权需求。

然而，劳动者权益改善的实际进程却与日渐完善的政策体系存在着某种程度的脱节，在维权政策密集出台的同时，劳资矛盾和劳资冲突的阴影却一直挥之不去，有关基层劳动者维权主体缺失、维权政策不力和作用欠佳的批评声也在同步放大。已有的维权模式究竟是否发挥了预期的效果？维权供给能否满足实际的维权需求？如何评估正式维权制度的成效？对此，本文将利用中华全国总工会和国家统计局城市社会经济调查司"第六次全国职工队伍状况调查"的数据，实证分析我国劳动者权益维护的现实状况、实际效果和影响因素。接下来的第二部分为文献回顾；第三部分实证研究影响我国劳动者各项权益和工会作用的主要因素；第四部分探讨相关结论的深层次原因及制度设计；第五部分提出相应的政策建议。

二　文献综述

对于中国的劳动者权益维护问题，已有文献从维权现状、维权机制和维权效果等方面进行讨论，并且着重于维权机制的分析，其中制度分

① 中华全国总工会主席王兆国在全总十四届十一次主席团（扩大）会议上发表的讲话，中国经济网：http：//www.ce.cn/xwzx/gnsz/gdxw/200610/15/t20061015_8973291.shtml。

析主要关注政府、工会的维权职能、作用方式以及党、政府与工会在维权问题上的相互关系；国际比较研究则集中讨论工人、雇主与政府的三方机制在处理劳动者权益问题中的作用；而为数不多的案例研究则开始关注中国劳动者的集体行动和非正式组织的维权机制。

有关党、政府和工会的维权机制，研究者们多数采用“组合主义”或“法团主义”范式进行分析。陈佩华（1993）认为中国劳动者的维权在“国家组合主义”（state corporatism）的模式下运作，全国总工会、各部委、其他各类全国性团体以及地方基层组织均在中央或地方政府管理下开展维权活动。由于维权与政治稳定之间需要达成一定的平衡机制，因此从国家组合主义向社会组合主义（social corporatism）的演变以及维权机制的改革也是温和而渐进的，农民工和非国有工业部门的工人融入组合主义结构的进程缓慢，因而其权益往往难以得到保障（安戈、陈佩华，2001）。陈峰（2003）认为中国的工会既有国家属性又有社团性质，由于市场经济条件下国家机构和工人组织的身份冲突，中国工会维权的现实作用较为有限。张允美（2003）则通过构建“工会与党—国家关系的循环模式”说明，国家发展为主的目标取向和全球竞争体制下的资本优先逻辑，使得中国工会主要服务于国家利益和社会稳定，难以在维护劳动者权益方面发挥实质性作用。王向民（2008）也认为在国家法团主义的框架下，中国工会转型和工人维权始终面临困境，社会法团主义的形成和中国工人的维权进程最终有赖于市场经济的进一步发展和中国工人的成熟。

有关工人、雇主代表组织与政府三方机制的作用，研究者们对于其能否解决中国的劳动者权益维护问题持有不同的观点，部分研究认为这一机制可能在维护劳动报酬权益、安全权益等方面发挥作用（唐钧，2004；陈黎，2003）。而另一些研究者则认为，由于法律不完善和劳资双方主体代表性不强，我国三方机制在解决劳动者权益问题中的作用并不乐观，劳方声音的缺失使得三方协调机制并不健全（汪洋，2006）；即使在形式上建立了三方机制，由于代表各方利益主体的地位不平等，政府在协商过程中干预过多、偏向企业利益以及劳动者利益代表的从属性，劳动者权益仍然无法得到有效保障（孙翊、李恩平，2009）。从学术界有关三方机制作用的争论可以发现，问题的焦点仍然是“谁来维权”及维权效应，而实际上这在很大程度上并不取决于三方协调机制本身，却与一国的权力集中方式及其对经济和社会发展的影响程度相关，目前我国的三方机制是一种来自国家权力体系内部的政府机构与准政府机构之间的功能性协调机制，因此必然限制其实际维权作用的发挥（乔健，2010）。

理论研究的逻辑推断一般认为中国目前的正式维权制度效果有限，维权机制的行政化使劳动者权益维护问题难以取得良好效果（颜江伟，2008），尽管中央通过积极立法来保护劳动者权益，但没有为他们提供相应的维权“硬约束”——组织权利、罢工权利和真正意义上的集体谈判权利，立法的发展和集体权利制度的非均衡发展导致了劳动者维权的脆弱性和空心化（陈峰，2007）。然而，也有部分实证研究发现中国的维权模式在局部地区和企业发挥了一定作用。胡建国、刘金伟（2006）对私营部门的研究表明，工会在提高私营企业劳动者报酬中具有一定的影响，但其作用程度小于西方市场化国家。葛赢（2007）的实证研究也表明，中国工会虽然具有“国家—党政”（State-Party voice face）和“集体声音”（collective voice face）的双重属性，但这并不妨碍其在维护劳动者收入、福利和人力资本投资方面的积极作用。姚洋、钟宁桦（2008）的研究发现，工会能够通过促进集体工资协议和劳动合同的签署来改善工人的权益，主要表现在提高工资率、缩短工作时间和提高养老保险覆盖率方面。姚先国等（2009）对浙江省的研究也发现，工会和党政的维权模式并不完全形同虚设，除了工资回报和各项福利之外，工会对职工教育费、劳动和待业保险费、养老保险金、医疗保险费、住房公积金和住房补贴等劳动者权益均有显著的积极影响。

目前关于中国劳动者权益维护问题的研究已经从理论层面扩展到实证分析，并且相对前者而言，实证分析的结论对于中国维权机制的效果评估更为乐观。然而，已有的研究仍然存在一些不足之处：首先，多数分析主要关注劳动报酬、社会保障和人力资本培训等权益，而对于依法维权和民主政治权益的分析较为欠缺，而实际上后两项权益恰恰更能反映制度供给方的权力架构和分工关系；其次，文献对于维权运作主体——工会的关注多于其背后的政策主导者，而实际上区别工会与“国家—党政”的作用对于解释中国的维权机制更为重要；最后，对近期中国劳动者权益相关法律、法规及政策条例的解读表明，对不同维权需求主体和目标的分类研究有助于全面和客观地评价我国的维权政策。接下来的实证分析将尝试对上述几方面进行深入探讨。

三　中国维权的实证研究：局部有效性

（一）回归模型与数据描述

为了深入分析影响中国劳动者权益的各类因素，以及权益维护制度供给和需求力量对维权执行组织的影响，接下来的实证模型将包括两个组成部分。首先是分析影响劳动者各项权益的因素，权益类型包括 9 大类 39 个细项，涵盖了劳动者就业权益（就业稳定性和满意度）、劳动报酬权益（货币收入、工资满意度、工资水平档次、增资时间和幅度及工资拖欠）、工时权益（工作时间和加班状况）、培训权益（参加培训和技能竞赛状况）、安全权益、精神文化权益、社会保障权益（医疗、养老、工伤、失业、生育、住房公积金及综合状况）、民主政治权益（民主管理渠道、厂务公开、职工董事、各层次职代会、民主议事会和工会—单位行政协商制度实施情况）和依法维权权益（个人和集体劳动合同的签订状况、合同完备性和执行状况、合同签订的规范性和有效性以及劳动争议的发生和处理状况）等各个方面。由于现阶段导致我国劳动者权益状况不尽相同的原因不仅包括劳动者个体禀赋的差异，还有大量制度分割和区位差异因素的影响，因此回归方程设定如下：

$$rig_i = c + \alpha_1 edu + \alpha_2 exp + \alpha_3 exp^2 + \alpha_4 age + \alpha_5 hukou + \alpha_6 party + \alpha_7 tech + \alpha_8 unionm + \alpha_9 own + \alpha_{10} firm + \alpha_{11} union + \alpha_{12} regi + \alpha_{13} city + \cdots\cdots + \varepsilon_i \quad (1)$$

其中因变量 rig_i 表示第 i 类权益的具体状况，解释变量包括受教育程度（*edu*）、工作经验及其平方项（*exp*、exp^2）、年龄（*age*）、户籍类型（*hukou*）、党员身份（*party*）、专业技术职称（*tech*）、工会会员身份（*unionm*）等劳动者个体因素，所有制类型（*own*）、企事业单位性质（*firm*）、单位建立工会组织（*union*）等制度因素，地区（*regi*）和城市（*city*）等区位因素，以及其他可能与各项具体权益相关的因素。各 α 为回归系数，ε_i 为相应的误差项。

其次将重点关注国家层面的维权供给因素及劳动者权益实际需求因素在决定维权执行机构——工会组织中的作用，因此回归方程设定为：

$$union = c + \beta_1 own + \beta_2 party + \beta_3 disp + \beta_4 disps + \beta_5 edu + \beta_6 \exp + \beta_7 exp^2 + \beta_8 age + \beta_9 hukou + \beta_{10} tech + \beta_{11} firm + \beta_{12} regi + \beta_{13} city + \varepsilon \quad (2)$$

$$unionm = c + \gamma_1 own + \gamma_2 party + \gamma_3 disp + \gamma_4 disps + \gamma_5 edu + \gamma_6 \exp + \gamma_7 \exp^2 + \gamma_8 age + \gamma_9 hukou + \gamma_{10} tech + \gamma_{11} firm + \gamma_{12} regi + \gamma_{13} city + \varepsilon' \quad (3)$$

其中因变量为工会组织（*union*）和工会会员（*unionm*）覆盖率，解释变量包括所有制类型（*own*）和党员比重（*party*），两者作为制度因素的代理变量；劳动争议发生概率（*disp*）和劳动争议解决状况（*disps*）作为衡量劳动者维权实际需求的代理变量，一般而言，劳动争议发生概率较高和争议解决不力时，维权需求较大，劳动者要求获得“集体声音”的愿望也会更加强烈；除此之外，方程（2）和（3）中的其他变量作为控制变量，其含义与方程（1）相同。各 β 和 γ 为回归系数，ε 和 ε' 为相应的误差项。

分析采用的数据来自中华全国总工会和国家统计局城市社会经济调查司在 2007 年所做的“第六次全国职工队伍状况调查”，样本覆盖了北京、山西、黑龙江、上海、江苏、浙江、安徽、河南、湖北、广东、四川、云南、陕西、甘肃和新疆等15个省、自治区和直辖市的4万多城镇职工和农民工，本文使用的数据为汇总的交叉分类统计数据，① 样本均值如表1所示。

（二）各项劳动者权益的主要影响因素

用普通最小二乘法对模型（1）进行回归，可得各影响因素对不同劳动者权益的作用方向和显著程度如表2～表4所示，回归结果表明回归方程的调整值 R^2 在0.59～0.98之间，方程整体F检验在5%或更严格的水平上显著，并且回归结果具有较高的稳健性。由于涉及的劳动者权益内容较多，为了更加清晰地加以说明，图1总结了各项劳动者权益的主要影响因素，对于在10%及更严格置信水平上显著的因素，显示为相应的标记点，否则为空白。将图1标记点的数量横向加总后，可以得到在总共39类细项的权益中，主要影响因素的显著状况如图2上方曲线所示，其中所有制、户籍类型②和党员身份居于前三位，而工会会员身份、工会组织和受教育水平三类因素居于后三位。同时将图1标记点的数量纵向加总，并对相应权益细项的数量进行平均后得到各权益大类的显著影响因素数量均值，如图2下方曲线所示，受显著影响最多的为文化权益，而民主政治、依法维权、工时和安全权益则相对较少。③

---

① 原始数据见中华全国总工会研究室《第六次中国职工状况调查》，中国工人出版社，2010。具体回归时采用了“行业—职业”为单元的样本。

② “第六次全国职工队伍状况调查”中对于职工户籍状况的分类包括六类，总体状况为本地非农业户口45.34%，外地非农业户口1.19%，取消农业与非农户口划分0.37%，本地农业户口26.53%，外地农业户口26.47%，其他户口类型0.11%。本文所使用的经过提取后的有效样本相应为：70.3%、8.2、2.9%、9.9%、8.4%和0.3%。由于有效样本中严格意义上的农民工（外地农业户口劳动者）样本量较小，因此专门针对这一群体的分析会存在较大的偏差，因此未进行单独回归分析，而是将其作为一个户籍二值变量与样本量较大的城镇职工样本（非农业户口）一同分析，以避免样本量较小导致的结果偏差。

③ 文化权益和安全权益各自包含的细项只有一项，相比其他而言，该两项权益所反映的情况更有可能具有偶然性，因此在分析时采取相对谨慎原则，不作重点讨论。

表 1　变量均值统计性质

	变量	均值		变量	均值		变量	均值
个体、制度及区位变量	受教育水平(年)	13.73	工时	周工作时间(小时)	42.89	民主政治	民主管理渠道畅通(%)	33.80
	工作经验(年)	18.38		加班情况(经常加班及以上%)	17.40		厂务公开(%)	41.12
	女性(%)	48.13	培训	参加培训(%)	74.48		职工董事(%)	15.29
	年龄(岁)	36.36		技能竞赛(%)	29.72		职代会(%)	42.49
	外地农业户口(%)	8.42	依法维权	发生劳动争议(%)	9.51		职代会作用较好及以上	
	党员(%)	45.81		劳动争议部分或完全解决(%)	68.00		(%)	41.50
	初级及以上职称(%)	33.20		持有劳动合同(%)	59.36		民主议事会(%)	24.41
	国有集体企业(%)	36.95		双方商议签订合同(%)	28.78		工会单位行政协商(%)	23.37
	企业单位(%)	31.20		劳动合同完备性(合同内容涉及的			区域/行业职代会(%)	17.99
	建立工会组织(%)	57.76		权益类型数量)	2.65		选举职工代表(%)	78.05
	工会会员(%)	48.88		劳动合同基本或完全履行(%)	86.70		选举人民代表(%)	59.06
	东部地区(%)	32.23		签订集体合同(%)	16.42	社会保障	社会保障水平较好及以上	
	特大城市(%)	13.15		集体合同部分或完全有效(%)	38.50		(%)	40.90
就业	工作较满意及以上(%)	47.90	劳动报酬	全部货币收入(元/月)	2208		医疗保险金(%)	64.32
	工作较稳定及以上(%)	2.50		工资较满意及以上(%)	16.80		养老保险金(%)	58.59
安全	安全保护一般及以上(%)	74.90		工资增长时间(年)	1.81		工伤保险金(%)	23.37
				工资增长幅度(元)	392		失业保险金(%)	51.04
文化	文体活动较满意及以上(%)	59.80		有工资拖欠(%)	14.49		生育保险金(%)	28.11
				工资水平档次(中等及以上%)	39.70		住房公积金(%)	47.67

数据来源：依据“第六次中国职工状况调查”数据整理。

表 2　劳动就业权益、劳动报酬权益、工时权益和培训权益的回归结果

权益大类及细项 / 解释变量	就业权益		劳动报酬权益						工时权益		培训权益	
	工作满意度	工作稳定性	收入对数值	工资满意值	工资增长时间	工资增长幅度	有工资拖欠	工资水平档次	周工作小时数	加班情况	参加培训	技能竞赛
	(1)	(2)	(3)	(4)	(5)	(6)	(7)	(8)	(9)	(10)	(11)	(12)
受教育水平	0.08 *	-0.06 **	0.09 **	0.02	0.14	0.09 *	0.00	0.02	-1.13 *	-0.02	0.01	-0.01
工作经验	-0.01	-0.09 ***	0.03	-0.01	0.37 ***	0.03	0.02	-0.09 *	-0.22	0.06 **	-0.07 ***	-0.09 ***
工作经验^2	0.00	0.00 ***	0.00 *	0.00	-0.01 **	0.00	0.00	0.00 ***	0.00	0.00 ***	0.00 ***	0.00 ***
女性	-0.35 ***	-0.06	-0.49 ***	-0.30 *	0.21	-0.24	-0.15 ***	-0.11	-9.25 ***	-0.57 ***	0.00	-0.12
年龄 35 岁以下	-0.95 ***	1.05 ***	-0.26	0.51	-1.04	1.05 ***	-0.06	0.72 *	10.45 *	0.27	0.04	-0.09
外地农业户口	-0.64 **	-0.44 *	-0.47 *	-0.67 **	2.19 **	-0.21	0.06 *	-0.77 **	-0.94	-0.12	-0.10	-0.41 **
党员	0.24	0.28 *	0.37	0.21	-1.98 **	1.06 ***	-0.04	1.00 ***	1.74	0.25	0.30 ***	-0.33 **
专业技术职称	-0.17 **	0.12 **	0.07	-0.03	-0.30 *	0.13 *	0.01	0.13 *	1.68 *	0.01	0.07 **	0.17 ***
所有制类型	0.40 *	0.01	0.26 *	0.47 **	-1.47 ***	0.16	0.03	0.37 *	-0.93 *	-0.06 ***	0.02 *	0.07 ***
所有制类型^2	-0.06 *	-0.01	-0.04 *	-0.07 ***	0.22 ***	-0.02	0.00	-0.06 **				
企业单位		-0.24 ***	0.15 *	0.09				0.26 **	1.99	0.15 **	0.00	0.10 *
建立工会组织	0.34	0.78 ***	0.24	0.76 ***	-3.35 ***	-0.22	-0.15	1.22 ***	-0.45	0.61	-0.18	0.61 ***
工会会员	0.33 *	0.40 **	0.66 ***	0.08	-0.72	0.08	0.05	-0.33	-3.22	-0.18	0.24 ***	-0.17
东部地区	-0.26	-0.39 **	0.16	-0.44 *	2.26 ***	-0.87 ***	0.07 *	-0.61 **	-2.69	0.65 ***	-0.07	0.15
特大城市	1.38 ***	1.16 ***	0.24	0.25	-2.57 *	1.32 **	-0.16 **	0.43	-10.39	-0.60 *	-0.20	-0.31
失业保险金		0.39 **										
工作稳定性							-0.08 ***					
收入高于最低工资线							-0.01 *		-2.20 **	-0.08 **		
每周工作时间			0.01 *		-0.07 ***							

续表

权益大类及细项 / 解释变量	就业权益		劳动报酬权益						工时权益		培训权益	
	工作满意度	工作稳定性	收入对数值	工资满意值	工资增长时间	工资增长幅度	有工资拖欠	工资水平档次	周工作小时数	加班情况	参加培训	技能竞赛
	(1)	(2)	(3)	(4)	(5)	(6)	(7)	(8)	(9)	(10)	(11)	(12)
加班状况				-0.59 **		0.35 *		0.18				
劳动定额					2.76 **	1.29 **						
技能胜任状况											0.28 ***	-0.31 **
集体协商制度			-0.03	2.13 **	0.4	-0.52						
发生劳动争议				-1.64 *				-0.67				
争议原因：劳动报酬				-0.46 *			0.06 *		14.12 **	0.67 **		
有劳动合同							-0.05 **		-1.96	-0.38 *		
常数项	3.68 ***	6.78 ***	4.82	1.28	4.56	1.61	-0.20 *	1.70 **	73.10 ***	1.95 ***	0.07	1.75 ***
R^2	0.92	0.91	0.89	0.88	0.84	0.87	0.82	0.88	0.85	0.87	0.88	0.82
调整 R^2	0.9	0.87	0.85	0.83	0.78	0.82	0.75	0.83	0.79	0.82	0.85	0.77
整体 F 检验	43.3 ***	21.0 ***	22.5 ***	16.8 ***	14.2 ***	17.4 ***	11.3 ***	18.0 ***	15.0 ***	16.8 ***	25.3 ***	14.5 ***

说明：*、** 和 *** 分别表示估计值在 1%，5% 和 10% 的置信水平上显著。其中方程（1）除表中变量外，还包括工作不满原因：工资收入低（-3.18 **）、劳动强度大（-3.77 **）、社会保障差（-2.46 *）、得不到尊重（-3.72 **）、工作不稳定（-3.86 *）、人际关系差（-1.02）、无发展前途（-2.07）、其他原因（-2.81 *）8 个哑变量，上述变量的系数和显著程度分别如括号内数值和 * 标记所示。

表 3　劳动者民主政治权益、安全权益和精神文化权益的回归结果

权益大类及细项 / 解释变量	民主政治权益										安全权益	文化权益
	民主管理制度	厂务公开	职工董事	职代会	职代会作用	民主议事会	工会—单位行政协商	区域/行业职代会	选举职工代表	选举人民代表	安全保护状况	文体活动满意度
	(1)	(2)	(3)	(4)	(5)	(6)	(7)	(8)	(9)	(10)	(11)	(12)
受教育水平	-0.04 **	0.00	0.00	0.00	0.20 **	-0.01	0.03	0.01	0.01	0.03 *	-0.05	-0.09 *
工作经验	-0.03	-0.02	-0.06 **	-0.09 **	-0.25 **	-0.02	-0.08 ***	0.03	0.05	0.00	0.07	-0.28 ***
工作经验^2	0.00	0.00	0.00 **	0.00 *	0.01 *	0.00	0.00 **	0.00	0.00	0.00	0.00	0.01 ***
女性	0.08	-0.32 ***	-0.16 *	-0.03	-0.93 ***	-0.36 ***	-0.30 ***	-0.08	-0.23 **	0.08	-0.58 ***	0.74 ***
年龄 35 岁以下	0.23 *	-0.25	-0.05	-0.38	-1.41 *	0.05	-0.62 ***	0.22	0.66 **	-0.47 ***	-0.23	1.61 ***
外地农业户口	-0.31 **	0.01	-0.33 **	-0.34 *	-1.53 **	-0.27 *	-0.10	0.14	-0.32 *	0.06	-0.09	-0.08
党员	0.37 ***	0.27 *	-0.48 ***	-0.44 **	-1.76 ***	-0.20 *	-0.04	-0.16 *	-0.06	0.19 *	-0.39	0.88 ***
共青团员	0.76 ***	0.33 **	-0.27 *	-0.47 **	-0.07	-0.08	0.37 **	0.14	0.23	0.25 **		
专业技术职称	0.07 *	-0.09 **	0.06 *	0.15 ***	-0.24	0.04	-0.06 *	0.00	0.02	-0.07 **	0.21 **	0.10
所有制类型	-0.03 *	-0.01	0.10	0.18	0.92 **	-0.03	0.17 *	-0.06	-0.04	-0.21	0.68 ***	-0.83 ***
所有制类型^2		0.00	-0.01	-0.01	-0.12 **	0.00	-0.02 *	0.01	0.00	0.02	-0.08 ***	0.10 ***
企业单位	0.09 *	-0.06	0.12 **	0.12 *	-0.05	-0.07 *	0.03	-0.01	-0.08	-0.02	0.07	-0.17 *
建立工会组织	0.15	0.19	0.12	0.17	-2.69 ***	-0.23	0.04	-0.07	-0.51 ***	0.15	0.22	0.78 **
工会会员	-0.02	0.49 ***	-0.07	0.17	1.25 ***	0.37 ***	0.29 **	0.36 ***	0.52 ***	0.13	-0.22	1.04 ***
东部地区	-0.19	0.30 **	0.34 ***	0.09	0.69	0.42 ***	0.20	0.20 **	-0.02	-0.18 *	0.53 *	-0.51 *
特大城市	0.27	-0.74 ***	-0.84 ***	-0.80 **	-3.30 ***	-1.29 ***	-0.64 **	-0.90 ***	-0.39	0.36 *	-1.00 *	0.80
常数项	0.45	0.57	0.61 *	0.94 *	5.71 ***	0.86 **	0.75 *	-0.26	-0.09	0.56 *	1.81 **	5.73 ***
R^2	0.96	0.92	0.71	0.77	0.74	0.76	0.83	0.81	0.86	0.93	0.93	0.93
调整 R^2	0.94	0.90	0.61	0.69	0.65	0.67	0.77	0.74	0.81	0.91	0.89	0.91
整体 F 检验	43.9 ***	34.3 ***	7.2 ***	9.9 ***	8.3 ***	9.1 ***	14.1 ***	12.4 ***	16.6 ***	42.6 ***	27.1 ***	43.9 ***

说明：同表 2。其中方程（1）除表中解释变量外，还包括了厂务公开（0.55 ***）、职工董事（0.36 *）、职工代表大会（0.24 **）、职工代表大会作用（0.01）、民主议事会（0.25）、工会—单位行政协商（0.33 **）6 个哑变量，方程（11）除表中解释变量外，还包括集体协商制度（1.74 ***）、有劳动合同（0.78 **）、争议原因：安全卫生（-0.60）、合同内容：劳动保护（-0.28）4 个哑变量，上述变量的系数和显著程度分别如括号内数值和 * 标记所示。

表 4　劳动者依法维权权益和社会保障权益的回归结果

权益大类及细项 / 解释变量	依法维权权益								社会保障权益						
	发生劳动争议	劳动争议解决	持有劳动合同	双方商议签订合同	劳动合同完备性	劳动合同有效性	签订集体合同	集体合同有效性	社会保障水平	医疗保险金	养老保险金	工伤保险金	失业保险金	生育保险金	住房公积金
	(1)	(2)	(3)	(4)	(5)	(6)	(7)	(8)	(9)	(10)	(11)	(12)	(13)	(14)	(15)
受教育水平	-0.01*	-0.10***	0.09***	0.06*	0.07***	0.15**	0.00	-0.06	-0.19	0.02	0.03	-0.05	0.04*	-0.02	0.05*
工作经验	0.01	-0.01	0.14***	0.13***	0.08***	-0.22**	0.00	-0.15***	0.16*	-0.06**	-0.05**	0.04	-0.12***	-0.09***	0.05*
工作经验²	0.00	0.00	0.00**	0.00***	0.00***	0.01*	0.00	0.00***	-0.01*	0.00**	0.00	0.00	0.00***	0.00**	0.00**
女性	-0.12***	0.01	0.17	-0.20	0.01	-0.41*	0.00	-0.99***	0.30	0.49***	0.08	0.05	-0.05	0.12	0.21*
年龄 35 岁以下	0.16**	0.95***	1.26***	0.65**	0.72***	-0.75	0.02	-0.36	0.94*	0.00	-0.66***	0.55***	-0.59***	-0.20	0.02
外地农业户口	0.10*	-0.55**	-0.23	-0.48**	0.11	-0.56	0.10	-0.25	-0.37*	-0.04	-0.52***	-0.31*	-0.36**	-0.47**	-0.49**
党员	0.11**	0.23	0.61***	0.22	0.43***	-0.65	-0.10	0.35	1.57***	0.17	0.23*	-0.02	0.09*	0.50***	0.53***
专业技术职称	0.02	0.18***	0.08	0.05	0.13***	-0.11	0.02	0.04	0.16*	0.08*	0.13***	0.05	-0.09**	-0.01	-0.08
所有制类型	0.07**	0.23*	0.38	-0.14***	0.35**	1.96***	0.20***	0.35**	0.06**	0.09***	0.10**	0.14**	0.03*	0.05**	0.08*
所有制类型²	-0.01**	-0.03*	-0.05		-0.04	-0.22***	-0.02***	-0.05***							
企业单位	-0.01	0.06	0.15**	0.05	0.08**	-0.17	0.07**	0.16*		0.11*	0.15***	0.20***	0.11**	0.16**	0.08
建立工会组织	0.08	0.61***	0.43*	1.01***	0.20	-1.22***	-0.06	0.34	1.23***	0.19	0.35**	0.24	0.11	0.35	0.94*
工会会员	-0.11**	-0.36*	0.25	-0.65	0.09	0.47	0.07	0.31	0.03	0.18	0.45***	-0.10	0.57***	0.00	-0.10
东部地区	0.02	-0.12	0.05	-0.03	-0.13	0.51	-0.15	0.64***	-0.26	0.27*	0.61***	0.56***	0.29**	0.23	-0.20
特大城市	-0.17*	0.30	0.61*	0.04	0.49**	-1.13	-0.14	-1.08**	1.04**	0.26	-0.21	-0.69**	0.07	0.24	0.91***
实行计件制							-0.03	0.37							
加班状况							0.32***	-0.77***							
劳动定额							0.23	-0.82*							

续表

权益大类及细项 / 解释变量	依法维权权益								社会保障权益						
	发生劳动争议	劳动争议解决	持有劳动合同	双方商议签订合同	劳动合同完备性	劳动合同有效性	签订集体合同	集体合同有效性	社会保障水平	医疗保险金	养老保险金	工伤保险金	失业保险金	生育保险金	住房公积金
	(1)	(2)	(3)	(4)	(5)	(6)	(7)	(8)	(9)	(10)	(11)	(12)	(13)	(14)	(15)
收入高于最低工资线							-0.04 *	-0.14**							
劳动合同完备性						0.17**									
常数项	-0.47**	-0.17	-1.89***	-0.06	-1.41***	1.39	-0.90	5.74***	1.48	-0.43	0.64 *	-0.48	1.00***	1.14***	-1.09***
R^2	0.89	0.85	0.81	0.73	0.99	0.85	0.87	0.82	0.96	0.85	0.90	0.85	0.92	0.68	0.88
调整 R^2	0.82	0.78	0.73	0.63	0.98	0.79	0.81	0.74	0.93	0.81	0.87	0.81	0.89	0.59	0.85
整体 F 检验	13.3***	11.7***	10.4***	7.4***	74.8***	13.8***	14.6***	10.2***	28.1***	20.3***	32.0***	20.9***	38.6***	7.4***	28.2***

说明：同表2。其中方程（1）除表中解释变量外，还包括争议发生原因：解除/中止合同（0.37 ***）、离职/辞职（0.47 ***）、经济补偿（0.51 ***）、劳动报酬（0.48 ***）、保险和福利（0.55 ***）、工时和休息（0.68 ***）、劳动安全卫生（0.25）、技能培训（0.59）8个哑变量，方程（2）除表中解释变量外，还包括争议解决方式：协商（0.88 ***）、调解（0.78 ***）、仲裁（-0.02）、诉讼（1.39 **）4个哑变量，方程（5）除表中解释变量外，还包括劳动合同内容：劳动报酬（1.28 ***）、劳动时间（0.84 ***）、加班工资（1.26 ***）、福利与保险（1.40 ***）、女工保护（0.83 ***）5个哑变量，方程（9）除表中解释变量外，还包括对各项保险制度的评价：医疗（-0.15）、养老（-0.28）、工伤（0.37 **）、失业（0.91 **）、生育（-0.19）5个哑变量，上述变量的系数和显著程度分别如括号内数值和 * 标记所示。

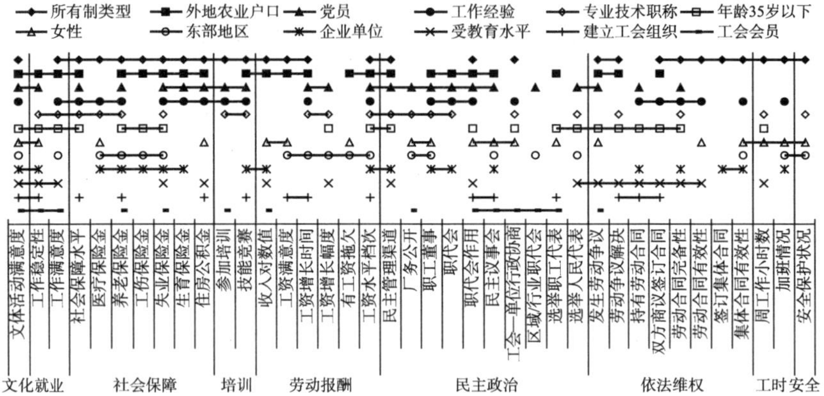

图 1　各项劳动者权益的影响因素比较

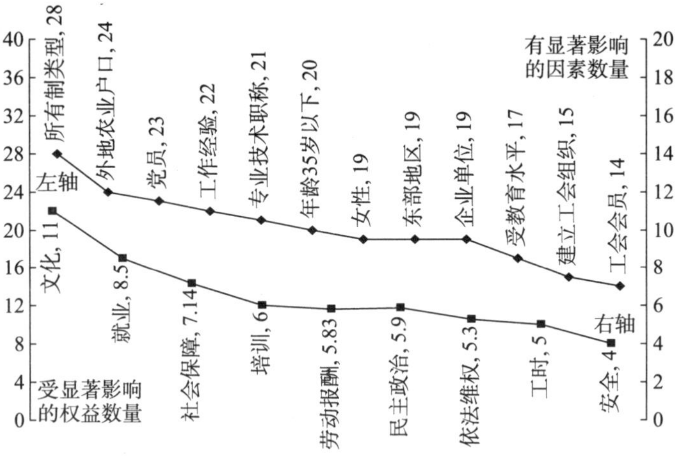

图 2　有显著影响的因素和受显著影响的权益

分析表明，当劳动者在国有部门就业时，各项权益能得到较好的保障，但所有制因素对民主政治权益并没有显著影响，所有制类型对职工代表大会和工会—单位领导行政协商制度有一定的正面影响，但是国有部门劳动者对于自身民主管理渠道的评价反而更低，这表明民主管理制度虽然在国有部门更有可能建立，但其实际作用并不乐观。户籍性质对劳动者权益的影响仅次于所有制类型，具有外地农业户口的劳动者，也就是农民工的各项权益都较难得到保障，主要表现为就业稳定性和满意度较低，社会保障水平较低，社会保险金的参与概率较低，收入水平和增长率较低，增资时间较长并更有可能遭受工资拖欠，基层民主政治权益较其他群体更难得到保障，发生劳动争议的概率和解决争议的困难程度也较高，这表明由于城乡分割因素导致的劳动者权益维护问题没有得到实质性改变。党员身份对于工作稳定、社会保障权益、工资增长和工资水平档次等都具有正面的效应，而在民主政治权益方面，党员比重较高的部门一般对于自身民主管理渠道的评价较高，参与基层人民代表选举的概率也较高，但是这些部门设立职工董事、职代会、民主议事会和区域/行业职代会的概率较低，产生这一状况的原因可能来自两方面，其一是党员比重较高的部门多为党政机关和事业单位，而这些部门本身设立职工董事、民主议事会和区域/行业职代会的需求就不高；其二是在企业部门中，党员比重较高的国有企业，尤其是中央或部委直属的大中型国企其管理方式更加具有行政色彩。

工会会员身份对劳动者权益状况的影响主要体现在提升工作稳定性和满意度、降低劳动争议发生概率等方面，并且工会会员比重的上升对于提高职代会作用、加强民主议事会和厂务公开等制度建设具有较为显著的作用。工会组织建设的作用也类似，主要体现在提高工作稳定性、工资满意度和缩短增资时间上，在职代会作用提升、民主议事会建设和职工代表选举中也起到了一定的作用，同时有助于劳动争议解决和劳动合同签订等有关职工依法维权权益的实现。但总体来看，无论是工会会员身份还是工会组织覆盖率对于劳动者权益保护的作用都低于其他劳动者个体和制度因素。劳动者受教育水平较高对于工资、工资增长和工时权益维护具有显著的作用，对提升劳动者的工作满意度有正面的作用，并且较高的受教育程度有助于劳动者依法维权权益的实现，但是学历较高的劳动者对自身工作稳定性的评价更低，并且学历水平对于民主政治权益并没有显著的正面影响。

（三）国家—党政和劳动者维权需求对工会的影响

方程（2）和（3）的回归分析结果如式（4）和（5）所示。① 所有制因素对工会组织的建立具有显著的正向影响，原因在于国有单位组建工会相对民营和外资企业更加容易，但行政力量对工会的影响并不表现为党政的直接作用，回归分析中并没有发现党员比重会对工会组织的覆盖率具有显著影响。从维权需求角度来看，劳动争议发生概率对工会组建具有正面影响，这表明中国的工会组建尽管不像西方国家那样由劳动者自下而上建立，但是全国总工会的工会组建计划也在一定程度上反映了实际的劳资矛盾和劳动者维权需求。中华全国总工会从 1995 年开始要求在私营部门中建立工会组织，② 并从 1998 年开始逐步付诸实践，③ 以期为劳动者权益维护探索新的出路。尽管理论研究和政策评估者对这些措施都存在疑虑或批评，但基于目前全国总工会能够企及的制度改革和非公有制部门劳动者权益受损的现实状况，劳动争议发生概率和工会组织覆盖比重的正向关系体现了这一政策的边际改进作用。

$$\begin{aligned} union = {} & 0.08own - 0.32party + 1.05disp - 0.10disps + 0.06edu - \\ & (2.66^{***}) \quad (-1.35) \quad (1.70^{*}) \quad (-0.54) \quad (2.48^{**}) \\ & 0.10\exp + 0.00\exp^2 - 0.78age + 0.03hukou + 0.12tech - \\ & (-1.35) \quad (1.10) \quad (-2.15^{*}) \quad (0.12) \quad (1.58^{*}) \\ & 0.05firm + 0.41regi - 1.22city + 0.73 \\ & (-0.94) \quad (2.97^{***}) \quad (-3.72^{***}) \quad (1.04) \\ & (\text{其中 } R^2 = 0.84,\ \text{调整 } R^2 = 0.77,\ F = 11.14^{***}) \end{aligned} \tag{4}$$

① 式中 * 、** 和 *** 含义同表 2。

② 《全国总工会关于加强私营企业工会工作的意见》，总工发［1995］6 号，1995。

③ 1998 年 10 月中国工会第十三次全国代表大会上，中华全国总工会提出了“哪里有职工，哪里就必须建立工会组织”的要求，并且号召“加快新建经济组织工会的组建步伐”。此后，提高工会组建率便一直是全国总工会的工作重点。2010 年 7 月全国总工会十五届四次执委会议则进一步提出“加快在企业普遍建立工会的步伐，在企业普遍推进工资集体协商工作”的指导方针。

$$
\begin{aligned}
union = & \ 0.02own - 0.13party + 0.97disp + 0.13disps + 0.09edu - \\
& (0.73) \quad (-0.55) \quad (1.56) \quad (0.69) \quad (3.78^{***}) \\
& 0.09\exp + 0.00\exp^2 - 0.82age + 0.04hukou + 0.15tech + \\
& (-1.15) \quad (0.87) \quad (-2.25^{***}) \quad (0.18) \quad (2.00^{*}) \\
& 0.06firm + 0.19regi - 0.92city + 0.19 \\
& (1.09) \quad (1.37) \quad (-2.79^{***}) \quad (0.27) \\
& (\text{其中 } R^2 = 0.84,\ \text{调整 } R^2 = 0.77,\ F = 11.10^{***})
\end{aligned} \tag{5}
$$

就工会会员覆盖率而言，所有制、党员身份和劳动争议状况都不会对其产生影响，而受教育程度、技术水平等涉及劳动者自身素质的因素起到了显著的正向影响。这一状况表明，与“上级工会推动，单位实行”的工会组建模式不同，谁来加入工会，或者谁能够成为工会会员在更大程度上体现了微观主体的作用。一方面，教育程度和技术水平较高的劳动者可能具有相对较高的维权意识，因此更倾向于加入工会；而更重要的一方面在于，能否成为工会会员在现阶段还与雇主方的选择存在着一定的关系，尤其是在民营企业中，“有的企业把入会当作一种荣誉，工人需要在生产中表现好才能入会……。相当多的外地打工者被排除在工会之外，尤其是季节工、临时工很难入会”（陈诗达，2006），因此那些知识技能较高的骨干员工就比较容易成为工会成员，而那些容易产生劳动争议或维权诉求较多的群体反而无法通过工会的组织渠道实现自身的愿望。另外，通过比较工会会员和工会组织的决定因素可以发现，教育水平和技术水平也对工会组织的覆盖率具有正向的影响，但是所有制因素和劳动争议因素在工会会员身份中却没有显著影响，这一状况表明，政策推动型的维权模式尽管也能发现劳动者的维权需求，并且通过工会组建来响应这种需求，但却很难真正落实到劳动者和企业微观实体，而后者却是构建有效维权制度框架的关键。

四　供需匹配的维权制度架构：制度设计的核心

实证研究表明，中国维权同时具有“国家—党政”和“促进劳动者权益”的双重属性，并且劳动者权益维护需要解决的主要问题体现在维权制度供给与实际需求之间的错位，以及两者对工会制度建设的作用上。从维权需求来看，农民工群体，改制国有、集体企业劳动者，地方、基层、非公有制企业、小型企业劳动者近年来成为了政策关注的主要群体，但从实际效果来看，在其他特征完全相同的情况下，具有外地农业户口的劳动者仅仅由于户籍的差异，其权益就更难得到保障；非国有部门的劳动者仅仅因为所有制因素，其权益也低于国有部门。在维护改制企业劳动者权益的同时，更需要解决的是不同所有制部门之间和城乡户籍劳动者之间的权益差异扩大化问题。

从维权内容来看，政策的关注程度从高到低依次为就业权益、依法维权权益、劳动报酬权益和社会保障权益等，实证分析的结果也表明就业权益受到了比较显著的影响，以立法来推进维权也是制度建设的主要方式，而其他权益则处于“第二梯队”。这一方面表明近年来以就业为优先目标的政策导向的确收到了一定的效果；但另一方面也表明，“就业质量”作为劳动者权益维护的重要组成部分，仍然没有成为政策关注的重点。然而，随着未来“人口红利”的逐步消退，劳动者“人”的属性会相对于其“物”的属性更加显现，其诉求也将从单一的就业权益过渡到更为多样化的形态，就业质量的重要性将日渐提升，并且这些权益的实现不会单纯取决于劳动力市场的供求关系，而将更多地受到劳动力制度的影响。

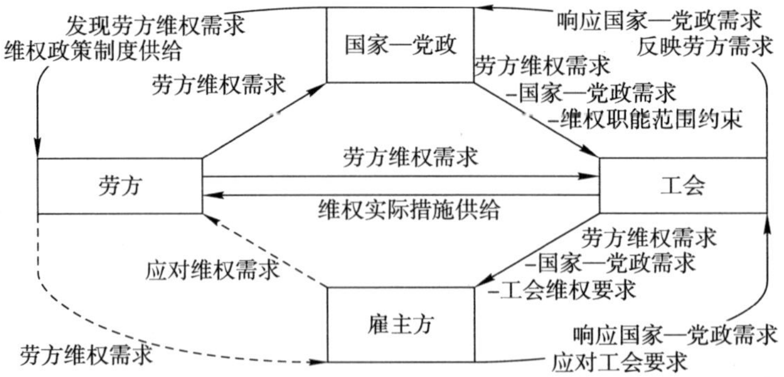

图 3　劳动者权益维护的制度框架

从维权供需与工会制度建设的关系来看，民主政治权益对工会维权作用的发挥具有基础性作用，劳动者对于就业、劳动报酬和社会保障等权益的直接诉求需要建立在民主管理制度上，集体声音的传递渠道也依赖于基层民主管理制度建设。实证结果也表明尽管显著影响民主政治权益的因素数量在各类权益中并不突出，但与工会相关的因素在其中所起的正面作用比较显著。然而，从目前国家层面的政策取向来看，民主政治权益并未居于维权制度建设的核心地位。在“党政主导，工会运作”的维权模式下，工会在基层民主政治权益中的作用以及相关的基层民主发展需要在《工会法》和《工会章程》所规定的框架内进行，而集体权利制度的改革具有相对的渐进性和保守性，因此在实践中必然体现为工会关注多方面劳动者权益但始终缺乏具有约束性的维权工具。

结合政策分析和实证研究的结果，可以将我国的劳动者权益维护制度框架及其维权供需匹配问题概括为图3。由于劳方对于权益维护的需求以及雇主方的维权供给策略不是以双方直接协商或者其他相互交锋的形式达成供需均衡的（图中虚线部分），因此劳资双方维权供需方面的信息具有严重的不对称性，其中最重要的信息包括哪些群体、哪类权益最需要保障，以及雇主方是否有能力承担劳动者权益提升带来的成本增加，而这些信息最为完整和真实的掌握者恰恰是基层的劳资双方。图中的实线部分则表明了目前我国维权的正式制度框架，一方面，劳方的维权需求能够上升到制度层面，国家响应劳方需求，供给相应的政策制度，进而形成工会实际维权行动；但另一方面，劳方的维权需求信息将经历两次加工过程：首先是对维权需求主体的权重分配和维权内容的优先排序，以及维权执行主体——工会的职能约束，这一过程将体现出国家的需求，包括社会政治稳定和宏观经济发展目标等诸多方面；其次则是工会组织在对劳方和雇主方执行维权供给职能时，加入工会维权的要求，而这一过程是还原还是进一步弱化劳方的“原始需求”，则在一定程度上取决于各级各类工会自身的特征，正是由于这种能动性的存在，才使得目前基层工会组织的维权措施存在一定的差异，各部门和地区的维权效果也因此出现分化。

Freeman（2007）在研究发展中国家的劳动者权益维护问题时，曾经将中国的工会组织定义为“政府管理的促进劳动者利益的官僚机构”（government controlled bureaucracy that seeks to advance worker interests），并且认为中国能否成功地向市场经济过渡，取决于其劳动力市场制度的改革。“中国式维权制度”能否真正维护劳动者权益最终取决于维权供需能否匹配，即维权制度供给是否能够响应劳方的实际需求？达到政策效果所需的维权实施成本是否处于资方可承受的范围内？在现实经济中，由劳资之外的第三方来回答这两个问题着实不易，第三方主导的制度框架必须首先解决分散维权信息的汇集和加工问题，同时需要应对汇集过程中产生的劳资矛盾聚集现象，并且矛头的指向很有可能因此发生转移——政府和工会代替雇主方成为应对维权问题的主体，其结果就会导致本文实证研究所描绘的现象——政策制度供给不断增加，但劳动者权益维护的实际效果却比较有限，虽然在部分政策关注的权益中维权制度能够发挥一定的作用，但仍然存在大量基本需求无法得到满足。

五　结论与政策建议

本文从中国劳动者权益维护政策分析出发，结合“中国式维权”制度的效应，实证研究影响劳动者不同权益的因素，分析国家—党政和劳动者维权需求对工会的作用。研究发现，近年来国家层面维护劳动者权益的法律、法规和政策框架日趋完善，但维权效果却并不尽如人意。所有制和城乡户籍分割是主导劳动者权益维护的核心因素，维权问题突出的农民工群体虽然逐渐受到政策关注，但实际权益提升缓慢，体制内外劳动者的权益相差悬殊；受教育程度和工会制度的作用相对较弱，基层劳动者通过提升个体素质或集体声音改善权益状况的渠道有待进一步疏通。劳动者多样化的维权需求虽然能在政策制定中得到反映，但是工会主要依据国家的需要行使维权职能，因此相对民主政治、依法维权、工时等权益而言，国家政策关注的就业权益在当前的制度框架中更受到重视。总体而言，“中国式维权”制度并非部分研究所描述的那样没有对劳动者权益维护产生正面影响，而是表现为“局部有效性”和“供需非均衡”并存。对此，本文提出以下几方面的政策建议。

其一，从就业数量主导式维权向就业数量和就业质量并重型维权转变。由于近年来劳动力市场就业矛盾较为突出，维权政策着重于职工的就业权益，但随着未来人口红利的逐步减退，以及劳动力质量替代劳动力数量成为经济发展的主导力量，劳动者权益维护的政策重点不仅需要关注就业问题，更应该关注包括工时、培训、安全、民主政治和依法维权等与就业质量密切相关的权益。“十二五”时期，国家特别强调经济发展方式转变对于未来经济社会发展的重要性，人力资本贡献的提升在其中所起的作用越来越关键，而人力资本的形成不仅仅依赖于“前劳动力市场”时期知识和技能的积累，也不仅仅体现在受教育程度的提高，更取决于进入劳动力市场后在职培训和“干中学”的整个过程，以及对劳动者营养、保健、医疗和精神健康等多方面的投资及维护。因此就业数量和就业质量并重，应成为未来劳动者权益维护政策的主要目标。

其二，从内容和数量推进式维权向制度主体建设式维权转变。劳动者权益维护政策的数量增长和内容完善并不意味着政策能够落实，只有尊重劳方的维权需求主体性和雇主方的维权供给主体性，才能保证政策的有效性。一些研究认为劳资双方主体性的增强会使得劳资矛盾增加，劳方会因此提出越来越多的诉求，劳动成本的上升会给资方的经营带来困境从而造成企业关闭和失业问题。实际上，无论劳动力市场制度的状况如何，劳方的权益诉求和资方的利润目标总是刚性的，政策的关键不在于消除这种刚性的需求和目标，也不在于代替任何一方实现其固有的诉求，而在于构建主体参与的平台，使双方的诉求达到相对均衡的状态。而且从本文的实证结果来看，均衡状态的形成单凭国家的力量是不足以实现的，必须建立在劳资双方市场主体成熟的基础上，维权制度建设的关键就是要从具体的维权内容实施转向劳资双方的主体性培养，为落实维权措施建立基本制度框架。

其三，以工会职能和维权方式改革为突破口，建设供需匹配的维权制度框架。“刘易斯拐点”的来临要求政府的社会保护职能实现重大转型（蔡昉，2010），其重要任务之一就是建立能够有效化解劳资关系问题的社会对话机制，发挥劳资双方在维权问题上的能动作用。这样一个制度框架不是一蹴而就的，其有效性也将经历劳动力市场的不断考验，已有的工会体制为其建立和改革提供了基础。增强各级工会组织的能动性，扩大工会的维权工作空间，使之更大程度上代表劳动者的集体声音，从而以一种微观和分散化的方式解决劳动者权益问题，将是消除现有维权制度框架中不断聚集的劳资矛盾的有效途径。

参考文献

[1] 安戈、陈佩华：《中国、组合主义及东亚模式》，《战略与管理》2001 年第 1 期。

[2] 柏宁湘：《工人非正式组织：一个急需重视的社会现实》，载香港海峡两岸关系研究中心编《海峡两岸三地劳资关系与劳工政策》，香港城市大学出版社，2001。

[3] 蔡昉：《刘易斯转折点与公共政策方向的转变——关于中国社会保护的若干特征性事实》，《中国社会科学》2010 年第 6 期。

[4] 曹筠武：《以地缘为纽带的维权浮现东南》，《南方周末》2005 年 4 月 14 日第 2 版。

[5] 陈黎：《试谈建立劳动安全卫生三方协商机制》，《劳动保护》2003 年第4 期。

[6] 陈诗达：《工会协调劳动关系中的主要问题》，《浙江省劳动和社会保障学会劳动关系问题研讨会暨 2006 浙江就业报告论文集》，浙江省劳动和社会保障学会，2006。

[7] 胡建国、刘金伟：《私营企业劳资关系治理中的工会绩效》，《中国劳动关系学院学报》2006 年第 6 期。

[8] 江立华、胡杰成：《“地缘维权”组织与农民工的权益保障——基于对福建泉州农民工维权组织的考察》，《文史哲》2007 年第 1 期。

[9] 乔健：《中国特色的三方协调机制：走向三方协商与社会对话的第一步》，《广东社会科学》2010 年第 2 期。

[10] 孙翊、李恩平：《我国劳动关系三方协商机制存在的问题及完善对策》，《山西高等学校社会科学学报》2009 年第 4 期。

[11] 唐钧：《"三方机制"解决农民工工资问题的最佳选择》，《中国党政干部论坛》2004 年第 5 期。

[12] 汪洋：《我国协调劳动关系三方机制现状、问题及改革思路》，《经济研究参考》2006 年第 2 期。

[13] 王向民：《工人成熟与社会法团主义：中国工会的转型研究》，《经济社会体制比较》2008 年第 4 期。

[14] 颜江伟：《行政化与回归社会：中国工会体制的弊病与改革》，《中共浙江省委党校学报》2008 年第 10 期。

[15] 姚先国、李敏、韩军：《工会在劳动关系中的作用——基于浙江省的实证分析》，《中国劳动关系学院学报》2009 年第 2 期。

[16] 姚洋、钟宁桦：《工会是否提高了工人的福利——来自 12 个城市的证据》，《世界经济文汇》2008 年第 5 期。

[17] 张允美：《理顺与冲突：中国工会与党—国家的关系》，《二十一世纪（网络版）》2003 年第 9 期。

[18] Anita Chan, 1993, "Revolution or Corporatism? Workers and Trade Unions in Post-Mao China", *The Australian Journal of Chinese Affairs*, 29 (1), 31 - 61.

[19] Feng Chen, 2003, "Between the State and Labor: The Conflict of Chinese Trade Unions' Double Identity in Market Reform", *China Quarterly*, 176, 1006 - 1028.

[20] Feng Chen, 2007, "Individual Rights and Collective Rights: Labor's Predicament in China", *Communist and Post-Communist Studies*, 40, 59 - 79.

[21] Freeman Richard B., 2007, "Labor Regulations, Unions, and Social Protection in Developing Countries: Market Distortions or Efficient Institutions?", Working Paper For Handbook of Development Economics, Harvard and NBER Centre for Economic Performance, 9.

[22] Ying Ge, 2007, "What Do Unions Do in China", School of International Trade and Economics Working Paper, 11.

Labor Rights Protection Institution and Its Performance in Social Transformation

—An Empirical Study of Labor Rights Protection in China

Zhang Yuan

Abstract: From the analysis of rights protection policies in the recent years, this paper proposed the topic of assessment of "rights protection in Chinese way". We analyzed the factors which affect the workers' rights, the state-party and the workers' demand which impact on Chinese union. The result showed that the national level laws, regulations and policy frameworks were maturing in recent years, but the effect was not satisfactory. The state-party and the urban-rural division were still the main factors affecting labor rights, however, the education level and the trade unions were relatively weak. Although the rural migrant workers' rights gradually became the focus of many policies, the actual protection level was still low. Policy makers paid more attentions to employment rights than democratic politics rights, law rights, working hours and other rights. Although some of the workers' demand could be reflected in policy-making, the unions' function was still based primarily on the need of state-party. Overall, the Chinese rights protection system had some positive impact on safeguarding the rights of the workers, but its performance only had effects on certain facets, and sometimes mismatched the rights of supply and demand.

Key Words: Labor Rights Protection; Labor Union; Industrial Relations

JEL Classification: J21, J28, J63, J68

附表 1　2005～2010 年劳动者权益相关法律、法规及政策条例解读

年份	月份	部门	法律、法规及条例	主要涉及的劳动者群体											主要涉及的劳动者权益内容										
				A	B	C	D	E	F	G	H	I	J	K	L	M	N	O	P	Q	R	S	T	U	V
2005	2	劳动和社会保障部、全国总工会等 4 部门	《关于进一步推进工资集体协商工作的通知》			√	√										√								
	5	全国总工会	《关于进一步推进劳动合同制度实施的通知》		√		√					√				√									
	7	劳动和社会保障部	《关于进一步做好在国有企业重组改制和关闭破产中维护职工合法权益工作有关问题的通知》			√									√			√							
	11	国务院	《关于进一步加强就业再就业工作的通知》			√									√										
	12	全国总工会	《关于加强乡镇（街道）工会规范化建设的意见》					√														√			
	12	全国总工会第十四届执行委员会第三次全体会议	《关于加强协调劳动关系、切实维护职工合法权益、推动构建社会主义和谐社会的决定》				√								√				√						
2006	1	劳动和社会保障部、全国总工会等 19 部门	《关于贯彻落实国务院进一步加强就业再就业工作通知若干问题的意见》								√				√										
	1	全国总工会	《关于学习贯彻中央领导同志重要批示精神，切实维护农民工合法权益的紧急通知》		√										√	√	√	√	√	√	√	√	√	√	
	1	国务院、国资委	《关于进一步规范国有企业改制工作实施意见的通知》			√									√		√	√	√						
	1	国资委	《关于进一步规范国有企业改制工作的实施意见》			√									√		√	√	√						

续表

年份	月份	部门	法律、法规及条例	主要涉及的劳动者群体											主要涉及的劳动者权益内容										
				A	B	C	D	E	F	G	H	I	J	K	L	M	N	O	P	Q	R	S	T	U	V
2006	3	全国总工会	《关于贯彻〈国务院关于解决农民工问题的若干意见〉的意见》		√										√	√					√	√		√	√
	3	国务院	《关于解决农民工问题的若干意见》		√										√		√	√		√	√		√		
	4	全国总工会和国家安监局等3部门	《关于开展“关爱农民工生命安全与健康特别行动”的通知》		√															√					
	5	全国总工会	《关于推动提高和落实最低工资标准的指导意见》		√					√							√								
	6	国资委、全国总工会等5部门	《关于在国有企业重组改制和关闭破产中开展维护职工合法权益工作的通知》			√									√		√	√							
	7	18个城市总工会	《全国城际工会农民工联动维权方案》		√										√	√	√	√							√
	8	全国总工会	《关于做好帮助和指导职工签订劳动合同工作的意见》	√												√									
	8	劳动和社会保障部、全国总工会等4部门	《关于开展区域性行业性集体协商工作的意见》					√								√									
	10	中国共产党十六届中央委员会第六次会议	《关于构建社会主义和谐社会若干重大问题的决定》	√											√	√		√	√						
	10	安监局、全国总工会等12个部门	《关于进一步做好煤矿整顿关闭工作的意见》						√											√					
	12	国资委	《关于推进国有资本调整和国有企业重组的指导意见》			√									√		√	√	√						

续表

年份	月份	部门	法律、法规及条例	主要涉及的劳动者群体											主要涉及的劳动者权益内容										
				A	B	C	D	E	F	G	H	I	J	K	L	M	N	O	P	Q	R	S	T	U	V
2007	2	国务院	《残疾人就业条例》										√		√	√	√	√	√	√	√	√	√	√	
	4	国务院	《生产安全事故报告和调查处理条例》	√																√					
	5	劳动和社会保障部、卫生部	《关于维护乙肝表面抗原携带者就业权利的意见》											√	√										
	6	全国人大常委会	《劳动合同法》	√												√									
	6	劳动和社会保障部	《关于进一步健全最低工资制度的通知》	√													√								
	6	劳动和社会保障部、全国总工会等10部门	《关于开展整治非法用工打击违法犯罪专项行动方案》						√						√					√					
	8	全国人大常委会	《就业促进法》	√											√										
	11	劳动和社会保障部	《就业服务与就业管理规定》	√											√										
	12	全国人大常委会	《劳动争议调解仲裁法》	√												√									
	12	国务院	《职工带薪年休假条例》	√																			√		
2008	2	国务院	《关于做好促进就业工作的通知》	√											√										
	3	全国总工会	《2008年维护农民工合法权益工作要点》		√										√	√	√				√	√			
	6	全国总工会	《关于开展集体协商要约行动的意见》	√												√									
	6	全国总工会	《关于建立集体协商指导员队伍的意见》					√								√									
	7	全国总工会	《关于进一步加强工会劳动争议处理工作的意见》	√												√									
	8	全国总工会	《工会法律援助办法》	√												√	√		√						
	9	国务院	《中华人民共和国劳动合同法实施条例》	√												√									
	10	人力资源和社会保障部、发改委等11部门	《关于促进以创业带动就业工作的指导意见》	√											√										
	12	全国人大常委会	《社会保险法(草案)》	√														√							
	12	国务院	《关于切实做好当前农民工工作的通知》		√										√										√

续表

年份	月份	部门	法律、法规及条例	主要涉及的劳动者群体											主要涉及的劳动者权益内容										
				A	B	C	D	E	F	G	H	I	J	K	L	M	N	O	P	Q	R	S	T	U	V
2009	2	国务院	《关于做好当前经济形势下就业工作的通知》	√											√										
2010	1	国务院	《关于进一步做好农民工培训工作的指导意见》		√																√				
	2	国务院	《关于切实解决企业拖欠农民工工资问题的紧急通知》		√												√								
	7	国务院	《关于进一步加强企业安全生产工作的通知》	√																√					
	10	国务院	《关于加强职业培训促进就业的意见》	√																	√				
2005~2010年涉及近20个部门、共46项			各群体和权益内容涉及频次	19	11	7	3	3	2	1	1	1	1	1	23	16	14	11	8	8	7	5	4	3	3

说明：涉及的劳动者群体：A－所有劳动者，B－农民工，C－改制国有、集体企业劳动者，D－非公有制企业劳动者，E－地方、基层、小型企业劳动者，F－煤矿行业劳动者，G－外资、私人企业劳动者，H－下岗失业人员，I－劳务派遣工，J－残疾人，K－乙肝携带者。劳动者权益涉及内容：L－就业权益，M－依法维权权益，N－劳动报酬权益，O－社会保障权益，P－民主政治权益，Q－安全权益，R－培训权益，S－加入工会权益，T－工时权益，U－文化权益，V－其他权益。依据2005~2010年人大常委会、党中央、国务院和各部委的法律、法规及政策条例整理。

中国劳动者被"过度"保护了吗?

——对劳动力市场工作安全性程度的评价研究

王 阳*

摘 要 中国自2008年以来陆续颁布出台了一系列劳动法律法规，使劳动者的就业权益获得了更多的法律保护。与此同时，国际金融危机和欧洲债务危机的持续蔓延，使全球就业形势总体欠佳，而中国也无法独善其身。本文将讨论放在全球经济增速继续放缓的背景下，以世界主要经济体为考察范围，运用经合组织以及《全球竞争力报告》的相关指标，旨在对中国劳动关系法制的立法以及执行情况作一比较性评估。得出的主要结论是：中国劳动关系立法的严格性适度，近年来日益凸显的失业问题，不应归咎于中国的劳动法制已经过于严格；并且实际上，中国劳动法律在执行环节还存在比较严重的"有法不依"现象。为此，中国一方面要继续坚持更加积极灵活的劳动用工政策，另一方面也应加快《劳动合同法》等就业保护法律的后续立法与政策制定工作；而对于不同就业形式的劳动者，则要在法律制度安排以及执行监管两方面给予侧重考虑。

* 王阳（1981～），女，国家发展和改革委员会发展研究所助理研究员，经济学博士。研究方向：社会政策与劳动力市场。联系电话：13641003822；010－63908346（办公室）。地址：北京市西城区木樨地北里甲11号国宏大厦B座1201室；邮编：100038。电子邮箱：yeanling_ wang@ 163. com

关键词 劳动力市场；工作安全性；就业保护立法；执行情况

近年来，随着《劳动合同法》《就业促进法》等在我国的颁布实施，劳动法律制度是否已经“过度”保护劳动者的问题引发了社会各界的持续讨论。特别是在美国次贷危机以及欧洲部分国家主权债务危机爆发之后，国际经济形势不确定性增强，企业面临的外部生产经营环境越发不景气，此时，我国“严格的”劳动立法是否真会成为“压倒企业的最后一根稻草”？文章结合前述思考，意图围绕我国就业保护法律现状及未来走向展开讨论。

一 概念内涵与研究设计

当劳动者开始在某一特定岗位工作时，能够保证工作的持续性（即工作安全性）就显得十分重要了。按照 Standing（1999：52）的观点，工作安全性是指“保证每位雇员都能拥有特定的岗位”。也即，工作安全性表达了一国的劳动法律制度能够确保劳动者在被解雇和工作条件改变时获得必要保护的程度。从国际角度来看，为增强劳动者抵御劳动力市场风险的能力，各国最普遍采取的措施之一就是就业保护立法（Employment Protection Legislation，EPL）（Clark and Postel-Vinay，2009：208）。

EPL 对一国宏观经济及劳动力市场运行会产生多方面的深刻影响，学界对该制度的市场效应也基本形成了一致看法。归纳起来，研究大多认为，严格的就业保护会成为劳动者在就业与失业之间转换的“障碍”，进而降低工作流动性（比如，Cahuc and Koeniger，2007）。一方面，EPL 同时抑制了雇主的雇佣和解雇行为，对一国失业率的总体影响模棱两可（Clark and Postel-Vinay，2009）；另一方面，EPL 也同时“约束”了就业者与失业者的工作选择及职业发展（Gangl，2003；Frick and À. Malo, 2008), 对不同规模、类型企业带来的冲击不尽相同 (Edwards et al., 2004)。考虑到 EPL 具有典型的国家层面特征，且跨期变动幅度相对较小，所以引入国际比较的研究视角。

迄今为止，实践中有代表性的测量就业保护立法严格程度的方法，主要包括：Grubb 和 Wells 的测量方法、经合组织的测量方法、世界银行的雇用工人指标、Di Tella 和 MacCulloch 的测量方法、Botero 等人的法规测量法，此外，还有来自《全球竞争力报告》(Global Competitive Report, GCR) 和国际雇主组织 (International Organization of Employer, IOE) 发布的一国劳动立法严格程度指数等。目前，经合组织、《全球竞争力报告》以及国际雇主组织发布的该项指数是被国际普遍接受和采用的，并且 Di Tella 和 MacCulloch (2005) 的实证研究检验证明，三种衡量方法皆具信度，且方法之间存在一致性和互替性，而其中，经合组织的测量方法经过两次改良发展出三个版本，建立了一套精细的分解和综合计算得分的流程，而且可以对法律法规条款进行分解，操作性较强，可以为国家间的比较提供基础（王阳，2011）。

需说明一点，本研究对我国劳动保护程度分析所运用的主要指标和数据，来源于经合组织的就业数据库以及 2009 年的《全球竞争力报告》。

二　研究的主要结论和发现

（一）中国的劳动关系立法适度严格

1. 对就业保护立法严格程度的绝对比较

工作安全性对劳动者的意义，从另一个角度诠释是其失去工作的可能性。1989 年，OECD 创制了一组可衡量劳动就业保护立法“严格程度”(the strictness of EPL) 的跨国指标，并在此后多个年度的《经合组织就业展望》(OECD Employment Outlook, 1999, 2004, 2008) 中用来评估其成员国家的 EPL。EPL 指标的设计初衷在于增强劳动者的工作安全性。指标由一套治理解雇和雇员招募的强制性规则组成，包括免遭不公正解雇保护（如规定法定解雇赔偿金和最低解雇通知期限、限制雇主经济性裁员等）、控制短期就业以及其他更广泛的针对工作时间、健康和安全的规定（Eamets and Masso，2005；Cahuc and Koeniger，2007）。

目前，OECD 已将 EPL 视为可判断一国劳动力市场工作安全性状况的主要依据。EPL 指标的工具性含义是衡量测度值在 0～6 之间变动的一组指数，其中，0 表示 EPL 最灵活，劳动者获得的工作安全性最低；而 6 表示 EPL 最严格，劳动者的工作安全性最高。2008 年，OECD 对 30 个成员国及部分非成员国的就业保护严格程度（strictness of employment protection）进行了评估。

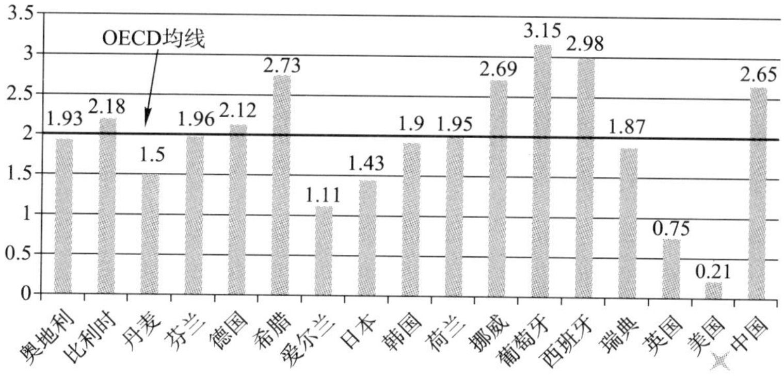

图 1　中国与一些 OECD 国家就业保护严格程度的比较（2008）

数据来源：Online OECD Employment Databases（http：//stats. oecd. org/）。

针对劳动力市场的四种灵活安全性模式，图 1 分别选取了几个有代表性的国家，与我国的情况做一对比。此外，考虑到日本、韩国在地域文化、社会价值观念等方面与我国相似，故而也一并列入比较参考国。从图 1 所显示的评估结果来看，我国就业保护的总体严格程度达到了 2. 65，超过了多数 OECD 成员国的情况，并且明显高于 OECD 国家的平均水平（1. 94）。再从各个国家的具体情况看，我国与希腊、挪威和西班牙的就业保护总体严格程度较为接近（希腊和西班牙同属灵活安全性模式中的“地中海国家模式”），而与美国（0.21）、英国（0.75）、爱尔兰（1.11）的情况相差最远（英国和爱尔兰同属灵活安全性模式中的“盎格鲁—撒克逊国家模式”），即使与同处亚洲、社会文化背景相接近的日本和韩国相比，我国的就业保护立法也是比较严格的。

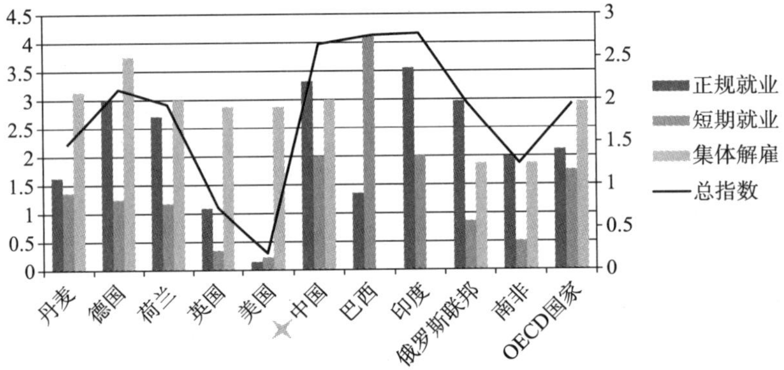

图 2 就业保护严格程度分项衡量指标的比较（2008）

数据来源：Online OECD Employment Databases（http：//stats. oecd. org/）。

实际上，OECD 就业保护的总体严格程度指标是由三个具体的分项指标，即正规就业（regular employment）、短期就业（temporary employment）和集体解雇（collective dismissals），按照一定的占比（比例确定依照 OECD 的侧重设计）拟合计算得出的。图 2 选取了英、美、德等比较受我国学界关注的 OECD 国家，以及与我国并称“金砖五国”（BRICs）的印度、俄罗斯、巴西和南非，再与我国的情况做一比较。综合来看，中国的总指标超过了五个经合组织样本国家，以及经合组织国家的平均水平，并且三个分项指标值中，除了集体解雇指数（3）与样本国家以及经合组织国家平均水平（2.96）接近以外，[①] 也都超出了经合组织国家的平均水平，特别是正规就业（3.3 比 2.11）和短期就

① 德国的集体解雇指数最高，达到 3.75，并且显著超过经合组织国家平均水平。

业（2比1.77）两项比较突出。

进一步地观察，在“金砖五国”以及经合组织国家平均水平的比较当中，从总指数的情况看，印度的指标值超过其他四个国家位列第一，达到2.77，其次是巴西，达到2.75，中国排在第三位，指标值为2.65，俄罗斯联邦和南非分列第四和第五位，总指数分别为1.92和1.25。相比之下，经合组织国家的平均水平为1.94，显然，印度、巴西和中国的总体就业保护状况严格于经合组织国家的一般水平。

再从三个分项指标的情况看，在“正规就业”上，印度、中国和俄罗斯联邦的规制最为严格，该项指标值依次为3.54、3.3和2.97，而巴西的该项指标值最低，仅为1.37；在“短期就业”上，巴西、中国和印度的规制最为严格，特别是巴西的该项指标值高达4.13，[①] 中国和印度的该项指标值都为2，而俄罗斯联邦的该项指标值最低，仅为0.88；在“集体解雇”上，“金砖五国”中，中国对集体解雇的保护力度最为突出，该项指标值高达3，其次是俄罗斯联邦和南非，该项指标值都是1.88，而巴西和印度甚至缺乏针对集体解雇的就业保护立法。如果考虑经合组织国家的平均水平，上述三个分项指标值分别为2.11、1.77和2.96，那么可以发现，“金砖五国”对于正规就业、短期就业和集体解雇施加的立法保护严格程度各有侧重，相比其他“四国”，中国的就业保护立法涉及的领域更加全面，并且法律的严格程度最高。

在劳动力市场转型过程中，我国一直十分重视平衡改革与就业的关系。为避免因改革引发严重的社会动荡，近年来我国政府更是将扩大就业、稳定劳动关系作为劳动就业保护制度建设的工作重点之一。以我国《劳动法》《劳动合同法》等为代表的核心性劳动法律制度，围绕“雇佣和解雇”问题（如劳动合同期限、解雇补偿、经济性裁员等）相继作了多方面的明确规定。为扭转劳动合同短期化现象，《劳动合同法》

① 如果将经合组织所有成员国考虑进来，比较“短期就业”指标值的情况，会注意到巴西的指标值仅低于土耳其（4.88），而远高于其他经合组织国家。

明确了三种无固定期限劳动合同的订立情形；在经济补偿金支付上，平衡了劳动合同解除与劳动合同终止时用人单位的经济补偿责任；在与劳动者工作稳定性存在直接联系的“经济性裁员”问题上，《劳动合同法》第41条规定，用人单位经济性裁员是指需要裁减人员20人以上，或者裁减不足20人但占企业职工总数10%以上的情形，并要求经济性裁员应当符合法定条件、经法定程序。

较高的EPL对劳动者而言是增加福利和改善就业条件，而对用人单位而言则可能意味着成本增加。我国劳动合同法直接涉及用人单位劳动力成本支出的内容主要有四项：第一，在某些规定情形下与劳动者解除（或终止）劳动合同，应当支付经济补偿金，补偿标准即劳动者每满1年工龄折合1个月工资；第二，试用期内支付给劳动者的工资，不得低于本单位相同岗位最低档工资，或劳动合同约定工资的80%；第三，安排劳动者加班，应当按照国家有关规定支付加班费；第四，应为劳动者缴纳社会保险费。

表1　我国就业保护立法中有关劳动力成本支出的规定比较

劳动力成本支出项目	《劳动合同法》	《劳动法》	备注
经济补偿金	第46、47条详细列明须支付经济补偿金的事项	第28条列明须支付经济补偿金的事项	《劳动合同法》增加了4款须支付经济补偿金的规定，并增加规定了补偿标准
试用期工资	第20条	无具体规定	不得低于本单位相同岗位最低档工资或劳动合同约定工资的80%
加班费	第31条	第44条	《劳动法》对加班费的支付标准规定更为具体
社会保险费	要求书面合同中单列“社会保险”内容，并强调政府监督和检查	第九章中强调了“用人单位和劳动者必须依法参加社会保险，缴纳社会保险费”	

资料来源：《中华人民共和国劳动法》（1995）；《中华人民共和国劳动合同法》（2008）。

如表 1 所示，与《劳动法》相比，《劳动合同法》新增了针对试用期劳动者工资的规定，而《劳动法》对加班费标准的规定更为具体。此外，《劳动合同法》对用人单位违法行为的处罚办法也作了更加明确的规定，用人单位的违法成本进一步提高。以该法针对事实劳动关系的处罚规定为例，《劳动合同法》第 82 条规定，用人单位自用工之日起超过 1 个月不满 1 年未与劳动者订立书面劳动合同的，应当向劳动者每月支付 2 倍的工资；用人单位违反本法规定不与劳动者订立无固定期限劳动合同的，自应当订立无固定期限劳动合同之日起向劳动者每月支付 2 倍的工资。

2. 对就业保护立法严格程度的相对比较

经济学的相关理论模型已经清楚地揭示出，当 EPL 更加严格时，就业就会更加稳定，个体劳动关系也会更持久（Eamets and Masso，2005：73），但 OECD（2008：26）也一直承认，严格的 EPL 会阻碍雇主为应对经济波动而进行的“适应性调整”，以至于增加失业，损失市场效率。

为估算我国在当前经济发展水平下比较适宜的就业保护严格程度，本研究首先以 OECD 30 个成员国作为参考样本，将各国的人均国内生产总值（后文简称人均 GDP）（2007）同对应的就业保护严格程度（2008）进行线性拟合；挪威和卢森堡因是异常值点而被统计剔除，回归方程最终依据的实测数据为 28 个。图 3 描绘了 OECD 28 国的点值分布情况，并与中国的表现作一比较，线性趋势线的回归方程在图中一并给出。回归方程的 R^2 为 0.37，表明一国就业保护的严格程度有部分因素要取决于该国的经济发展水平，而后者也将反映出该国劳动力市场对劳动者给予就业保护的适合程度。

如图 3 所示，就业保护严格程度同人均 GDP 呈负向相关性，即 EPL 越严格的国家，其人均 GDP 就略低一些，比如土耳其（12993 美元，3.72）的情况，而美国（45489 美元，0.21）则是 EPL 宽松、人均 GDP 较高的另一个极端。转而审视我国的情况，则可以看到，以当前的就业

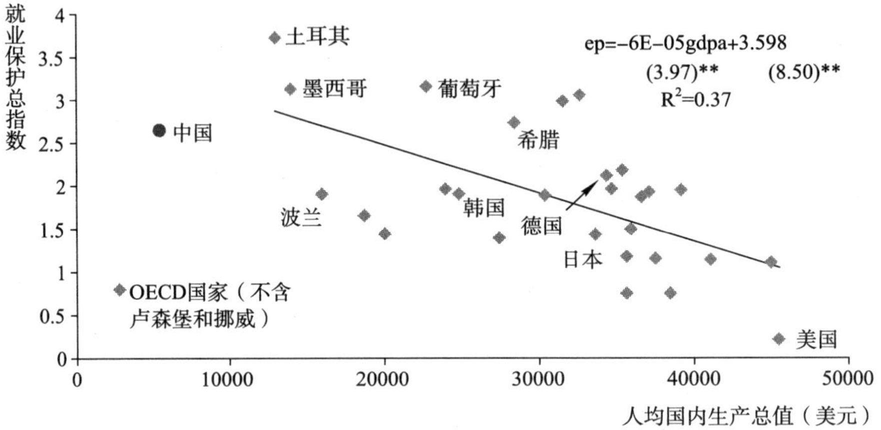

图 3 人均国内生产总值与就业保护严格程度

注：ep 是 OECD 就业保护严格程度指标；gdpa 表示人均国内生产总值。通过考察 OECD 各国的点值分布规律，挪威和卢森堡因远离多数点分布（称为异常值点）而被排除，线性回归趋势线基于 OECD 28 国拟合；中国点值作为比较，不在拟合数据之列；** 表示经 t 检验的系数显著水平是 1%。

数据来源：Online OECD Employment Databases（http：//stats. oecd. org/）。

保护严格程度（2.65），要实现人均 GDP（5345 美元）的进一步增加是有可能的。比如，希腊在就业保护严格程度（2.73）上比我国略高，可该国的人均 GDP 水平（28423 美元）也不俗。可见，尽管以绝对化的角度比较我国给予劳动者就业保护的严格程度，会得到“中国较多数 OECD 国家的情况要更为严格”的判断，但若结合各国宏观经济发展的实际表现再行衡量，则又会得到不太一样的结论，即以我国当前的经济发展水平来看，劳动力市场对劳动者的就业保护还不够严格，或者说，至少在理论上还未达到我国经济发展难以承受的那种严格程度。

此外，图 3 还揭示出了各国 EPL 发挥工作安全性功能的大致表现。墨西哥、葡萄牙、德国等的点值处于趋势线以上，表明这些国家的劳动力市场受到了严格的立法保障，工作安全性较高；而波兰、韩国、日本等的点值则处于趋势线以下，一种可能的解释是，这些国家的某种非正式制度（如文化传统）可能部分地替代了 EPL 增强劳动力市场安全性的功能。

综合而言，对于近年来我国劳动力市场越来越凸显的失业难题，不应笼统地归结于“EPL太严格”。EPL只是影响我国经济发展的一个制度方面，要实现经济发展，应综合考虑一国的市场条件和制度基础。Svejnar（2002）在研究中东欧转型国家的劳动力市场建设同其经济绩效的关系时发现，转型国家间劳动力市场灵活性的差异并不能解释各国在经济绩效上的差异；特别是当转型国家的EPL和劳动力市场政策能够与某些OECD国家保持一致时，前者的市场总体绩效也难以赶超后者。可见，“低规制、轻管理”的充分灵活劳动力市场其实也并非是转型国家实现经济快速发展的充分条件。

基于以上认识再来审视我国劳动力市场的转型与培育历程，似乎也能得到某种启示。我国除了应继续在市场灵活性和功能性上积极向发达市场经济国家借鉴经验，更有必要注重改善和管理其他一些经济和社会因素，比如房地产市场、交通基础设施、资本市场、公司治理结构、法律框架和商业环境等。只有我国能够建立起一套可增强市场机制功能和作用发挥的、可以为市场主体所信赖的“政策环境”和“制度系统”，同时激发社会传统文化和价值观念在引导和约束市场行为方面的作用，那么即使（从绝对角度看）EPL较为严格，我国也仍然有可能创造更高水平的经济绩效。

（二）中国劳动关系法律的执行尚待加强

1. 基于一维指标体系的分析

实际上，OECD国家对就业保护严格程度的衡量只能在一定程度上表明一国劳动力市场的工作安全性状况，因为如果劳动法律政策在现实中并未得到“充分”执行和遵守，那么这种“严格”也只能是停留在理论层面。Betcherman et al.（2001）针对大量发展中国家劳动力市场保护情况的研究就发现，如果国家的经济主体惯常违法，或者执行机构软弱无力，再或者法律受益面过窄，那么即使该国拥有十分严苛的劳动法，其实际产生的作用也不会很大。Eamets和Masso（2005）也认为，由于法律规定存在相对陈旧和死板的问题，只有将其与现实中的执行情况一并进行考察，才能提高研究判断的可信度。

然而，考察 EPL 的执行情况也并非易事。受限于信息的可获取性和标准的可衡量性，学界在论证此问题时也只能更多采取“间接路径”。就目前已有的研究成果看，大致有三种研究方法：第一，旁证法，即考察就业保护法律执行和监督机构的作为。Bertola et al.（2000）建议，在评估就业保护严格程度时增加“执行程序公正性”（equality of enforcement procedures）指标，而衡量依据是法院和仲裁机构对违法行为的处置结果，以及劳动监察部门对市场行为的监督情况。第二，倒推法，即考察劳动力供给方对劳动力市场 EPL 的主观感受和行为选择。Clark 和 Postel-Vinay（2008）通过调查欧盟数千位劳动者的工作安全性状况，发现工作的外部环境、辅助条件和充分信息会“刺激”劳动者感知安全性，因而如果劳动者拥有“工作安全感”，那么也可能表明 EPL 执行不错。第三，比较法，即考察劳动力需求方对 EPL 的主观感受和行为选择。Pierre 和 Scarpetta（2005）指出，雇主对劳动力市场规制的关注度同该国劳动法律的严格程度及执行情况紧密相关，且雇主往往会根据受法律影响的程度去选择适宜的应对策略。考虑到三种方法在论据的可信度和论证的充分性上各有所长，本研究将尝试作一整合。

表 2　中国就业保护立法执行中的仲裁和监督机构的作用

年份	当期受理劳动者申诉案件占比（%）	结案数中劳动者胜诉案件占比（%）	因解除劳动合同而引发的争议		举报投诉案件数/查处违法案件数（万件）	失业保险金覆盖范围[a]（%）
			案件数（件）	案件占比（%）		
2001	94.93	47.73	29038	18.78	——/19.6	45.81
2002	93.56	47.24	30940	16.80	12/23	57.14
2003	95.19	49.02	40017	17.68	16.6/26.4	51.88
2004	95.72	47.65	42881	16.46	25/36.6[b]	50.67
2005	93.61	47.50	54858	17.48	25/38	43.15
2006	94.98	46.99	55502	17.50	39.9/40	38.61

续表

年份	当期受理劳动者申诉案件占比(%)	结案数中劳动者胜诉案件占比(%)	因解除劳动合同而引发的争议		举报投诉案件数/查处违法案件数(万件)	失业保险金覆盖范围[a](%)
			案件数(件)	案件占比(%)		
2007	92.98	46.16	67565	19.29	40.9/40.8	34.46
2008	93.74	44.45	139702	20.15	48.1/48.3	29.46
2009	91.69	36.99	43876	6.41	33.6/38.4	23.02
2010	93.01	36.19	31915	5.31	34.7/38.0	23.01

说明：a 登记失业人员中领取失业保险金人员的比重；b 数据源自《中国劳动统计年鉴》(2005) 的“劳动保障监察案件的结案数”。

数据来源：笔者计算；《中国劳动统计年鉴》(2011)；《劳动和社会保障事业发展统计公报》(2001～2010)。

第一，参考 Bertola et al. (2000) 的方法，表2 描述了2001 年以来我国各级劳动争议仲裁机构和劳动保障监察机构的功能发挥情况。(1) 从“当期受理的劳动者申诉案件比重”看，个体劳动争议一直是仲裁机构处理的重点，但是该指标基本上呈现出下降趋势，2009 年达到低点 91.69%，2010 年又有所增加，达到 93.01%。(2)“结案数中劳动者胜诉案件占比”可侧面反映劳动争议仲裁机构干预劳动关系终止争议的深度和倾向。从我国该数据的变动情况看，2003 年以来呈现出了比较明显且幅度较大的逐年下降趋势，2010 年降至 36.19%，表明我国劳动争议仲裁机构正尝试通过多种渠道干预和化解劳资冲突。(3) 随着经济领域各项改革的深化，“因解除劳动合同引发的争议”无论在案件的绝对数量上还是相对数量占比上，都发生了显著的波动，以 2008 年为标志性的时间结点，该年度因解除劳动合同引发的争议占当年总体案件数量的比重超过了 20%，此后大幅下降，2010 年降至 5.31%。可以想象，如果仲裁机构较少作出有利于劳动者的裁决，那么很可能将抑制其提出申诉的意愿（或者激励其诉诸其他解决渠道），当然，此时用人单位的申诉意愿会被强化。

第二，“举报投诉案件数”和“查处违法案件数”两项指标可在一定程度上解释用人单位因解除劳动合同而受到制裁的可能性与适合性。严格的保护和严厉的制裁是一把“双刃剑”，一方面会激励劳动者更多采取法律行动，但另一方面也会令用人单位尽量免除责任和逃脱制裁。近年来，我国劳动保障监察机构调查处理的举报投诉案件数量和查处的各类劳动保障违法案件数量都出现了一定幅度的增加，特别是2008年达到了较高的水平，分别为48.1万件和48.3万件，此后的两年，此两项指标的数量有所下降，2010年分别为34.7万件和38.0万件。这一方面折射出，2008年是我国就业保护立法的转折年，劳动关系法制和执法力度趋向严格；另一方面也反映出2008年以后企业雇主用工行为可能更加规范。

第三，Bertola et al.（2000）在其研究中推测，失业保险金的覆盖范围可能会对EPL的执行和监督机构产生影响，即如果失业保险金覆盖了大多数的失业者，那么仲裁和监督机构可能会较少做出有利于劳动者的裁决。但从我国的情况看，这两个指标并不存在“负向”关系。这就表明，我国的劳动政策执行机构和仲裁机构之间存在一定的工作独立性。

近年来，我国失业矛盾愈加凸显，而与此形成鲜明对照的是失业保险金覆盖范围的逐年大幅下降，到2011年该项指标的数据已经降至21.37%，表明有大量已经参加失业保险并且登记了失业的劳动者没能享受到失业保险待遇。究其原因，其中一个不容忽视的答案正在于政策执行的环节。根据近期一项针对全国白领阶层的相关调查，尽管有99%的被调查者表示已参加失业保险，但仅有60%的人愿意在失业时领取，因为其中有七成被调查者表示，不知道失业保险金的领取条件和方法，而金额较低、手续繁杂也是重要原因。[①]

2. 基于二维指标体系的分析

除了依据国内相关数据的推证，来自国际组织的调查和统计信

---

① 数据来源：《失业保险金究竟应该如何领，七成白领“蒙查查”》，搜狐网，2011年1月5日，http://business.sohu.com/20110105/n261572603.shtml。

息也有助于估测我国就业保护法律的执行情况。由世界经济论坛（World Economic Forum，WEF）组织发起的年度《执行官意见调查》（executive opinion survey）（后文简称“调查”）已有近30年的历史。在每年的1～5月间，来自世界上百个国家和地区的数万位企业高层管理者或商业领袖会参与完成此项调查。2009年，参与调查的国家和地区共计134个，参与调查的商业管理高层人士12297位，平均每个国家约有91位。依托调查结果发布的《全球竞争力报告》（Global Competitiveness Report，GCR），旨在展示一国经济环境的全貌及该国实现可持续发展的能力。GCR最突出的意义在于，其能为那些客观数据（hard data）来源匮乏的主题提供有价值的、基于“世界口径”的定性判断，而且所收集到的客观数据也是源自多种可靠的国际渠道。评价一国劳动力市场的状况是GCR中的一个重要组成部分。

本研究将利用GCR（2008～2009）中针对“劳动力市场灵活性”的考察指标。调查设计的问题是“是否公司的雇佣和解雇行为完全取决于雇主决策”，答案为7个维度的量表，维度1是“完全不同意”（表示行为做出要受到法律的严格规制），维度7是“完全同意”（表示雇主能灵活决策雇佣或解雇）。图4反映了GCR和OECD有关劳动力市场规制指标间的关系。正如之前预期的那样，由于GCR指标旨在评估灵活性，而OECD指标旨在衡量安全性（即EPL严格程度），因此两者表现出了负向关系，且经过统计检验证明是十分显著的。然而，回归结果（$R^2=0.44$）也同时揭示出GCR指标还有很大程度是不能解释OECD指标的，这也恰好可能反映了法律在执行环节的“变异”。

如图4所示，对于我国劳动力市场的状况，两个评估指标存在较明显的“落差”。首先分析GCR的“雇佣和解雇行为”指标，中国的评估值为4.0，超出了该指标的平均水平3.8，位列参评国家和地区中的第53位。可见，在企业管理者眼中，我国劳动力市场是比较灵活的。

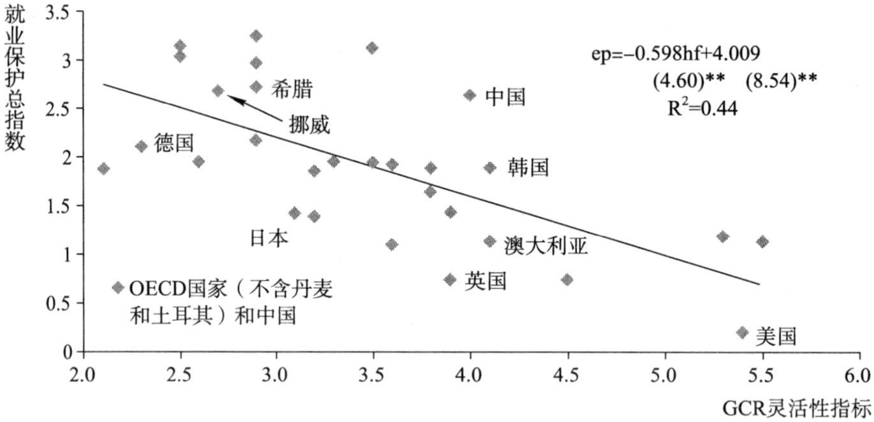

图 4　GCR 雇佣和解雇行为指标与 OECD 就业保护严格程度指标

注：ep 表示 OECD 就业保护严格程度指标；hf 表示在《全球竞争力报告 2008 ~ 2009》中，雇主针对雇佣与解雇灵活性看法的指标。通过考察 OECD 各国的点值分布规律，丹麦和土耳其因远离多数点分布（称为异常值点）而被排除，线性回归趋势线基于 OECD 28 国及中国拟合；** 表示 t 检验的系数显著水平是 1%。

数据来源：Online OECD Employment Databases（http://stats.oecd.org/）；《全球竞争力报告 2008 ~ 2009》。

转而分析 OECD 的“就业保护严格程度”指标，中国的评估值是 2.65，大大超出了 OECD 30 个成员国的平均水平 1.94，仅排名第 23 位。这说明从就业保护法律的规定看，我国劳动力市场应该是比较安全的。于是，这种介于“现实感觉”与“理论分析”之间的“矛盾”就出现了。一方面，GCR 指标显示我国劳动力市场具备较高水平的灵活性（此时在理论上成立的 OECD 指数约为 1.62，远低于我国的实际值）；而另一方面，OECD 指数却表明我国对劳动力市场的规制和约束是偏于严格的（此时在理论上成立的 GCR 指数约为 2.27，远低于我国的实际值）。显然，一种可能且合理的解释是，我国就业保护法律在执行环节存在薄弱点，从而导致原本严格的 EPL 在执行中被“灵活对待”了。这也印证了 Eamets 和 Masso（2005）的观点，即要评估一国劳动力市场的工作安全性状况，参看 OECD 的就业保护严格程度指数仅仅是一个方面，更重要的还在于考察 EPL 在实践当中的执行效果。

三　研究的进一步讨论

（一）一个国际比较的视野与初步分析

针对图 4 再做一些国际比较和相关思考。

第一，在 OECD 指数上与我国接近的挪威（2.69）和希腊（2.73），以及在 GCR 指标上与我国接近的韩国（4.1）和澳大利亚（4.1），在法律的执行上都明显强于我国。这从侧面也反映了，在不考虑执行情况的条件下，考察雇主对 EPL 的感受是可能推测出就业保护严格程度的。

第二，尽管日本的 EPL 不太严格，但雇主对劳动力市场的灵活性评价却不高。这正好与我国的情况相反，呈现出了介于“现实感觉”与“理论分析”之间的另一种“矛盾”样态。可能的解释是，“二战”后，日本法因受美国法的影响而在 EPL 方面趋于弱化，但日本国内良好的人文法制环境，以及立足长远的劳资合作传统又为稳定劳动力市场、规范雇佣行为提供了潜在的“刚性保障”。

第三，对我国学界比较关注的德、美、英三国作一浅析。图 4 描述了三个国家的点值位置，其中，德、美两国呈现出了抑或安全抑或灵活的两种极端情况，英国介于中间。这与三国的历史传统和法律实践密切相关。① 尽管三国的 EPL 存在显著差异，但似乎从图中也能发现一个相似点，即影响三国雇主做出雇佣或解雇决策的因素都不仅来自外部法规，某种程度上的自我“约束”也在发挥积极作用。可以想象，随着国家经济与社会的发展，竞争的压力和发展的需要将有可能促使雇主“积极地”选择更理性和人性的雇佣方式。

① 德国属于大陆法系，而英、美两国属于英美法系。不同的法系在法律渊源、法律结构、法官权限和诉讼程序等方面都存在差异。

尽管前述分析较缺乏直接论证企业执行法律情况的数据，但有理由推断各国中小企业可能更倾向于“选择性”执行EPL。究其原因，Edwards et al.（2004）的观点是，外部竞争环境、制度条件以及中小企业内部天然存在的“非正式规则”等，都会“过滤”甚至“屏蔽”EPL，从而影响其实施效果；而Eamets和Masso（2005）的解释是，多数国家往往将劳动监察的重点放在大型企业，因此监察缺失和工会弱小（甚至缺失）也是EPL在中小企业实施不力的原因之一。

（二）对劳动法律执行不力问题的探究

我国就业保护法律执行薄弱的一个重要证据，来自社会各界对“事实劳动关系”（用人单位未与劳动者签订书面劳动合同）问题的持续关注和探讨。改革开放以来，民营经济已跃升为解决我国就业矛盾的主要渠道，但一些企业却在劳动合同管理、工资福利给付等方面存在诸多“有法不依”的现象。2006年，全国企业员工劳动合同签订率仅为68.8%，而个体私营企业（以中小企业为主）更低（47.3%）；即使签订了劳动合同，合同不规范、执行情况差等也是突出问题。调查还发现，有一半的企业职工未参加养老和医疗保险，近60%的人未参加失业保险，38%的人未参加工伤保险。[①] 2008年，《劳动合同法》正式实施。2009年上半年，中国企业联合会雇主工作部在全国范围内就该法的执行情况作了专门调查。样本企业涉及制造、建筑、交通运输、房地产、金融、餐饮住宿等行业，且多为大中型企业。调查发现，尽管企业劳动合同签订率有所提高，但也只有69.8%的企业实现了全员签订劳动合同，另有24.8%的企业劳动合同签订率在80%~100%之间（杭宇，2009：91）。

不同就业形式劳动者的工作安全性状况也存在较大差异。除了制度设计的问题，执行环节的疏漏也不容忽视。近年来，我国发布出台了一

---

① 数据来源：《全国工商联发布民营企业劳动关系状况调研报告》，http：//money.163.com/08/0131/19/43IFMSLL002524SD.html。

系列调整非正规就业的政策措施，旨在在保证灵活就业机制的前提下，提高非正规就业的工作安全感，但从一些调查情况看，似乎这种预期并未完全达到。比如，据石美遐（2007）对某市非正规就业者劳动关系情况的调查，有80%以上的人无正式劳动合同和社会保险；约75%的人工作时间超出国家法定标准；多数人是在每日超时工作的前提下，才得到了高于当地最低工资的收入。

四　研究启示：从完善体制机制的角度解决问题

OECD曾指出，EPL的实施目的在于增加劳动者福祉和改善就业环境。目前，我国劳动力市场无论在机制还是形式上都还很不完善，户籍制度和不同性质所有制对劳动者的“身份”约束，导致了就业竞争不充分，城乡、地区和所有制之间的劳动力市场分割尚难被打破。劳动力市场分割造成了对农村和外地劳动力的就业歧视，制约了劳动人口的合理流动，也伤害了劳动者平等自由的就业权利。基于此，我国应充分发挥EPL的积极因素，利用法律手段营造竞争与公平的就业环境，使劳动力市场能够在制度保障与法律约束的轨道上运行。但同时也须注意，法律制度是一把“双刃剑”，如果对劳动力市场的规制力度超过了当前的经济发展水平和市场承受力，那也会损伤国家的发展动力。

衡量EPL作用的最终标准在于，是否鼓励和发展劳动力市场的竞争性。我国要实现劳动力市场灵活化与劳动者权益保护的平衡，首先强调不宜降低EPL的严格程度，但可以在相关法律的执行环节作一“弹性”设计。以《劳动合同法》为例，结合劳动力市场主体的不同特点，可以考虑以下两个思路。

第一，中小企业的“豁免执行”。考虑到EPL对不同规模企业的实际影响程度差异，以及中小企业的“天然”EPL“过滤机制”和其解决就业问题的主要作用等因素，可以赋予中小企业执行EPL的豁免权。从国际范围看，其他国家也有类似保护中小企业的“例外”法规。比如，美国有关种族、性别和年龄等的歧视法规不适用于小企业，对于中型企业，则降低其违法成本；而日本无论在雇佣期限、福利还是养老保障等方面，对中小企业的要求都远远无法与大企业相比。

第二，高层次劳动者的“淡化保护”。在一定范围和幅度内的人才流动有助于区域经济和行业发展。高层次劳动者往往可能是用人单位的核心员工，在劳动力市场上具备较强竞争力。与过多的工作保护相比，该类劳动者在劳动力市场上更需要一种激发其才能发挥的机制。显然，这与《劳动合同法》强调的“广泛”保护劳动者并不十分吻合。因此，我国应为高端人才构建以创新为核心的体制性环境，尊重知识和能力，鼓励学习和自我能力开发，从而保持其市场竞争优势。此外，淡化保护的另一层含义是避免部分劳动者凭借《劳动合同法》的庇护而自我满足或出现投机取向。随着高端劳动者素质的提升，用人单位的人力资源管理也会走向柔性化，而最终获益的将是在复杂多变的国际竞争环境中我国整体竞争实力的增强。

参考文献

[1] 陈兰通：《2009中国企业劳动关系状况报告》，企业管理出版社，2010。

[2] 杭宇：《“劳动合同法”实施对我国企业用工的影响》，《中国人力资源开发》2009年第9期。

[3] 桑德林·卡则斯（Sandrine Cazes）、伊莲娜·纳斯波洛娃（Alena Nesporova）：《转型中的劳动力市场：平衡灵活性与安全性——中东欧的经验》，中国劳动社会保障出版社，2005。

[4] 申丹虹：《中国劳动力市场转型中的个人收入分配研究》，经济科学出版社，2009。

[5] 石美遐：《非正规就业劳动关系研究——从国际视野探讨中国模式和政策选择》，中国劳动社会保障出版社，2007。

[6] 王阳：《转型期中国劳动力市场灵活安全性研究》，首都经济贸易大学出

版社，2011。

[7] Bertola, G. , A Pure Theory of Job Security and Labor Income Risk. *Review of Economic Studies*, 2004, 71: 43 -61.

[8] Boeri, T. and P. Garibaldi, Two Tier Reforms of Employment Protection: A Honeymoon Effect? *The Economic Journal*, 2007, 117 (6): 357 -385.

[9] Cahuc, P. and W. Koeniger. Feature, Employment Protection Legislation. *The Economic Journal*, 2007, 117 (6): 185 -188.

[10] Cai Fang, Yang Du and Changbao Zhao, Regional Labour Market Integration since China's World Trade Organization Entry: Evidence from Household-level Data, in Garnaut, Ross and Ligang Song (eds), *China-Linking Markets for Growth*. Canberra: Asia Pacific Press, 2007, 133 -150.

[11] Clark, A. and Postel-Vinay, F, Job Security and Job Protection. *Oxford Economic Papers*, 2009, 61: 207 -239.

[12] Di Tella、R. and R. MacCulloch, The Consequences of Labor Market Flexibility: Panel Evidence Based on Survey Data. *European Economic Review*, 2005, 49: 1225 -1259.

[13] Eamets, R. and J. Masso, The Paradox of the Baltic States: Labour Market Flexibility but Protected Workers? *European Journal of Industrial Relations*, 2005, 11 (1): 71 -90.

[14] Edwards, P. , M. Ram and J. Black, Why Does Employment Legislation Not Damage Small Firm? *Journal of Law and Society*, 2004, 31 (2): 245 -265.

[15] Frick, B. and M. À. Malo, Labor Market Institutions and Individual Absenteeism in the European Union: The Relative Importance of Sickness Benefit Systems and Employment Protection Legislation. *Industrial Relations*, 2008, 47 (4): 505 -529.

[16] Gangl, M. , The Only Way is Up? Employment Protection and Job Mobility among Recent Entrants to European Labour Markets. *European Sociological Review*, 2003, 19 (5): 429 -449.

[17] OECD. *OECD Employment Outlook*. Paris, 1999.

[18] OECD. *OECD Employment Outlook*. Paris, 2004.

[19] OECD, *OECD Employment Outlook*. Paris, 2008.

[20] Standing, G. , *Global Labor Flexibility—Seeking Distributive Justice*. London: Macmillan, 1999.

[21] Tangian, A. , European Flexicurity: Concepts, Methodology and Policies. *Transfer: European Review of Labour and Reserch*, 2007, 13 (4): 551 - 573.

Is Chinese Employment Protection Legislation Over-rigid?

—Evaluation on Job Security in Chinese Labor Market

Wang Yang

Abstract: Since 2008, China has implemented a series of labor laws and made its laborer largely protected by law. Based on ill-performing global economy, Chinese unemployment is also critical. This paper constructs an internationally comparative framework in order to assess whether or not Chinese labor laws is over-rigid. It analyzes the extent of seriousness and completeness of employment protection legislation (EPL), and makes use of several indices from OECD and Global Competitiveness Report, and follows with data calculation and institution comparison. This study has found that, firstly, the rigidness of our country's EPL is decent, but the carry-out of labor law is unsatisfactory. Chinese government may will go on with flexible employment policies, and meanwhile, quicken their improvements and amendments. Lastly, China should effectively handle the abnormal flexibility and make the implement of employment protection law more fairly and adaptable to the whole laborers.

Key Words: Laborer; Employment Protection Legislation; Labor Market; Job Security

JEL Classification: J21, J28, J63, J68

产业结构变迁、劳动力供给与经济增长的区域差异研究

——关于垄断行业与竞争行业间工资差异的经验分析

刘苓玲　徐　雷*

摘　要　本文基于扩展的 C－D 生产函数，从人口红利的视角对中国 1996～2010 年的产业结构变迁、劳动力供给与经济增长之间的关系进行了实证研究。结果显示：地区间的人口年龄结构存在明显差异，短期的经济增长率变化与人口抚养比关联性不大，而长期的居民人均收入水平与人口总抚养比呈负相关关系。从产业结构来看，第一产业与经济增长呈负相关关系，但第一产业对中西部地区经济增长的贡献度远大于东部地区，第三产业则相反。而东部地区物质资本对经济增长的贡献度远高于中西部地区，同时劳动力的增长率也大于中西部地区。其政策含义是：积极缩小地区间人力资本差距，进一步完

* 刘苓玲（1971～），女，重庆市人，西南政法大学经济学院教授，硕士生导师，财政部财科所出站博士后。研究方向：劳动经济学、社会保障与收入分配。徐雷（1987～），西南政法大学经济学院国民经济学专业硕士研究生。本文为西南政法大学研究生科研创新重点项目（2011XZYJS027）；作者非常感谢匿名审稿人具有建设性的修改意见，当然文责自负。

善人口政策和劳动力市场体系，促进区域间资源的合理配置，实现经济的均衡发展。

关键词 产业结构；劳动供给；经济增长；区域差异

一 引言

伴随着经济的持续发展，同时受到工业化和城市化的推动，中国的产业结构也在发生着重要变化。据测算 1996 ~ 2010 年的 15 年间，我国第一产业产值占 GDP 的比重下降了 9.79%，几乎减少了一半，而同时期第三产业则上升了 10.23%，[①]第一、第三产业间的结构调整幅度最为明显。产业结构的变动程度明显超越了经济增长速度。然而伴随着中国人口老龄化的加剧，人口结构变动对劳动力供给数量和质量的影响，将最终反映在产业结构和经济增长的层面上，并在一定程度上通过影响其他要素投入而对经济增长机制产生影响。“十二五”规划纲要明确指出中国要积极应对人口老龄化，优化人口结构，并指出目前的产业结构不合理，主张发挥科技创新对产业结构优化升级的驱动作用，促进经济增长向依靠第一、第二、第三产业协同带动转变。[②] 其中科技创新功能的发挥离不开人力资本的支撑，而人口结构也是影响人力资本的重要内在因素。从人口红利的视角分析当前中国的产业结构变迁、劳动力供给与经济增长的区域差异性问题，有助于从理论上更好地实现资源有效配置，进而达到提高劳动生产率和促进经济增长的目的。

文章余下的结构安排是：第二部分是文献回顾；第三部分是方法和数据的说明；第四部分是实证分析及结果解释；最后是全文的总结。

① 数据来源：根据 1997 ~ 2011 的历年《中国统计年鉴》数据整理而成。

② 资料来源：《中华人民共和国国民经济和社会发展第十二个五年规划纲要》（全文），2011 年 3 月 16 日，新华网，http://news.xinhuanet.com/politics/2011-03/16/c_121193916.htm。

二　文献回顾

追溯国内外的相关研究动态后不难发现，有关产业结构变迁、劳动力供给与经济增长关联性的问题一直备受学术界的重视，多年来在相关研究领域也取得了富有成效的进展。在西方最早对产业结构变迁与劳动力供给（转移）给予关注的学者是 William Petty（1691），他通过总结经济增长过程中产业结构的变化规律发现：随着经济的增长，劳动力会逐渐从农业部门（低收入产业）转移到商业部门（高收入产业）中去。其后学者 Clark（1940）在此观点的基础上进行了更为深入的探讨和分析，[①] 这便产生了著名的“配第—克拉克定理”。随后，Lewis（1954）、Fei 和 Ranis（1964）、Jogenson（1967）、Harris 和 Todaro（1970）对发展中国家的传统农业、现代工业部门和劳动力供给等相关问题进行不断深入研究，构建和完善了二元经济结构理论。Kuznets（1973）认为随着经济增长，产业结构和劳动力结构都会发生变动，其在研究中对农业、工业和服务业部门的产值和劳动力份额进行了分类和细化（林毅夫，2004），发展为后来的“库兹涅茨法则”。[②] Chenery（1979）认为，在经济增长过程中，农业、工业和第三产业的比重也会随之发生变化；而在劳动力就业结构方面，农业劳动力会向第三产业转移，而第二产业劳动力变动则相对缓慢。随着理论研究的不断深入和完善，近年来也有学者从新的角度对此问题进行了具体分析，如 Lohmar 等（2000）认为中国工业化的关键是农业劳动力向工业部门转移，城乡劳动力资源的重

---

① Clark 认为随着人均国民收入水平的提高，劳动力首先从第一产业向第二产业转移，当国民收入水平进一步提高时，劳动力便向第三产业转移。

② 库兹涅茨法则基本内容：随着时间的推移，（1）农业部门的国民收入在整个国民收入中的比重和农业劳动力在全部劳动力中的比重不断下降；（2）工业部门国民收入在整个国民收入中的比重大体上是上升的，但是，工业部门劳动力在全部劳动力中的比重则大体不变或略有上升；（3）服务部门的劳动力在全部劳动力中的比重和服务部门的国民收入在整个国民收入中的比重基本上都是上升的。

新配置对经济结构转型（农业→工业）起到推动作用。同时指出若不能改善目前城镇的失业问题，地区间良好的就业环境也无法形成。Fischer（2004）对日本与澳大利亚的劳动力老龄化与产业结构进行了对比分析，指出未来劳动力供给数量和质量的变化将对第三产业的劳动力需求产生影响，并进一步影响产业结构的调整和经济增长。Alexia 和 Thomas（2006）的研究结论表明，提供更多的教育和激励劳动力参与率的提升，对实现欧洲生产率的持续增长具有至关重要的作用。同时劳动力在年龄和学历结构等方面的变化，有助于缩小产业间的技术差异。Gary(2008）认为随着时间的推移老年人数量日益增加且预期寿命提高，而产业结构的变动降低了对“体力”方面的要求，在符合“智力”水平标准时，更多的老年人口选择退休后再就业，因此劳动力供给率有所增加。Thomas 和 Bo(2009）采用改进后的索洛稳态模型，对欧盟国家的年龄结构和经济增长之间的关系进行研究表明，人口依赖率的提高将对人均 GDP 增长产生负面影响，同时指出为避免劳动人口的大幅下跌对经济增长产生消极作用，应通过改善家庭生育率与调整移民政策等方式促进劳动力供给增加，实现经济增长。Christian 和 Thomas(2011）从劳动者年龄的角度对国民经济中不同部门生产效率可能存在的差异进行研究，结果表明，单从年龄因素分析，其对产业间生产效率的高低没有直接影响，而人力资本投资可对促进经济增长和生产率提高发挥重要作用，并可进一步推动产业间协同发展。Sakamoto(2011）引入人均地区生产总值、第三产业产值占比、劳动力结构等指标探讨中国 31 个省市经济增长与产业结构的差异。结果表明尽管产业结构有了较大调整，但各个指标的收敛速度是不一致的，人均产值的收敛速度明显快于劳动力，表明劳动力结构的变化使人均产值趋同放缓；各指标与人均地区生产总值之间的关系显示，低增长的省份表现出的差距较高，表明产业结构调整速度的差异是中国地区差距的原因之一。

国内学者围绕着中国经济增长问题，在理论研究与实证分析方面也在不断进行着探索，如蔡昉（1990）通过对传统经济发展战略中的产值结构与就业结构进行分析，建议通过相关政策的调整和制度改革，实现产业结构的高度化。[①] 刘伟，杨云龙（1992）对工业化背景下的产业结构演化与经济增长进行研究，认为发展第三产业不仅需要“总量政策”还需要“结构政策”。林毅夫（1994）认为在劳动力、产业结构与就业结构等因素的相互制约下，发展战略和相关宏观政策运行机制的改变，有助于实现经济发展的良性循环。谭崇台（1996）认为处理好经济增长与产业结构的关系，需要通过教育事业实现人力资本的积累和提高，通过产业结构的改进实现各部门平衡发展。吕铁、周叔莲（1999）认为中国的产业结构与经济增长不相适应，建议通过产业结构的调整实现产业间生产率的均衡化。刘伟、李绍荣（2002）认为第三产业在经济增长中发挥的作用最大，但第三产业的结构扩张会降低第一、二产业对经济规模的正效应，因此提高第一、二产业的效率是实现经济平稳增长的途径。林毅夫（2004）指出为避免劳动人口比例下降、抚养人口上升对中国经济发展可能产生的不利影响，应在人口质量方面加大教育投入，提高人力资本；在人口数量方面改进计划生育政策。王德文（2007）、都阳（2010）认为迅速下降的生育率水平将使中国从人口红利期进入人口负债期，人口结构的变化要求在人口政策、人力资本积累政策、劳动力市场政策等方面进行适时调整，以实现产业结构升级和经济增长。

在实证方面，近年来诸多学者从不同角度进行了研究。蔡昉（2004）、王金营和杨磊（2010）结合储蓄率、劳动力供给和抚养比等因素，论证人口转变对中国经济增长的贡献，指出在人口红利即将消失的趋势下，应通过促进就业维持人口对经济增长的正面效应。杨中新（2005）通过对中国省际产业结构与人口年龄结构数据的考察，结合产业结构的发展变迁，推算了各地区产业结构调整受人口老龄化的影响程

---

① 产业结构高度化也称产业结构高级化，指一国经济发展重点或产业结构重心由第一产业向第二产业和第三产业逐次转移的过程，标志着一国经济发展水平的高低和发展阶段、方向。产业结构高度化往往具体反映在各产业部门之间产值、就业人员、国民收入比例变动的过程上。

度。蒲艳萍、吴永球（2005）以劳动力供求结构为基础，结合经济增长、产业分布结构等因素，对劳动力转移问题进行了分析并试图探寻其内在规律。刘洪银（2008）运用因子分析和回归分析方法建立计量模型，结果证实人口抚养比与经济增长存在负相关关系，较低的人口抚养比有助于经济增长。刘伟、张辉（2008）采用实证方法度量产业结构变迁对中国经济增长的贡献，结果显示随着市场化程度的提高，产业结构变迁对经济增长贡献的趋势不断下降，技术进步对经济增长的推动作用不断强化。蔡昉（2009；2010；2012）总结了人口因素对中国经济增长的贡献，通过对人口老龄化背景下中国经济增长可持续性问题的分析，指出通过教育深化提高劳动生产率和人力资本，使其适应产业结构变化的要求，可以实现人口红利的延续。黄茂兴、李军军（2009）从技术选择的角度研究其对产业结构升级和经济增长的作用，分析了三者间的内在关系，建议通过资本深化，实现劳动生产率的提高和经济的增长。钟水映、李魁（2010）认为人口红利对地区间的经济增长能起到显著促进作用，但地区间存在明显差异，其中东部存在人口红利外溢，而中西部则不显著。干春晖等（2011）从产业结构合理化和产业结构高级化两个角度出发，建立产业结构变迁与经济增长的计量经济模型，发现产业结构合理化对经济发展的贡献大于产业结构高级化，建议通过产业结构升级实现其对经济增长的持续推动作用。袁富华（2012）认为随着中国产业结构的调整和人口结构的转型，长期增长过程的“结构性加速”和“结构性减速”问题在中国日益突出。他从劳动生产率、国民福利、经济可持续增长等方面对发达国家的增长因素进行分析比较，以期为中国经济的持续发展提供经验和借鉴。

在本文中，我们将采用 1996～2010 年中国各省市的经验数据，在人口红利的视角下，系统研究产业结构变迁、劳动力供给与经济增长的地区间差异。与以往的文献相比，本文可能的创新之处为，全面考察了地区间产业结构变迁、劳动力供给与经济增长的互动性，同时研究了其对经济增长的贡献度，有助于从新的角度对区域间经济增长的差异进行分析，同时根据所得结论提出合理的对策与建议。

三　方法和数据

在参考相关文献的基础上，本文通过对 $C-D$ 生产函数引进相关变量，建立新的经济增长方程式：$Y_{it}=A_{it}K_{it}{}^{\alpha}L_{it}{}^{\beta}U_{it}{}^{\eta}$，在方程中，下标 i 表示省份，t 表示年份。Y 表示实际 GDP 的数值，A 表示技术进步，L 表示劳动力，U 表示结构转变系数，K 表示物质资本（其中王小鲁、樊纲（2009）通过公式 $I_t=K_t+(1-\delta)K_{t-1}$ 来计算资本存量的数值，I 表示投资，δ 表示折旧率，本文也采用该方法）。①因为各省历年的折旧率难以完整估计，故假定各省的折旧率（δ_{it}）不随时间变化，折旧率（δ_{it}）等于全国平均折旧率（$\bar{\delta}$）加上各省的实际 GDP 增长率（以 1978 年为基期）。② α、β 分别表示资本和劳动力的产出弹性，η 表示产业结构的产出弹性。对方程两边同时取对数便于对各个变量进行分解研究，同时也有助于减弱自相关和异方差等问题对模型显著性的影响。

$$LnY_{it}=LnA_{it}+\alpha LnK_{it}+\beta LnL_{it}+\eta LnU_{it} \tag{1}$$

$$LnY_{it}=\alpha_0+\alpha LnK_{it}+\beta LnL_{it}+\eta LnU_{it}+\gamma\prod+v_i+\varepsilon_{it} \tag{2}$$

在式（2）中，LnY 表示地区实际生产总值（以 1978 年为基期），LnK 表示物质资本形成总额，LnL 表示总就业人员数目，LnU 表示第一

---

① 韩廷春（2000）对结构转变系数的定义为“第一产业产值占国内生产总值的比重”，具体内容见韩廷春《结构变动与经济增长》，《湘潭大学社会科学学报》2000 年第 4 期。同时通过比较发现，中国产业结构变动中，第二产业基本保持稳定。经计算得知 1996～2010 年第二产业占 GDP 的比重从 46.76% 增加到 46.32%，因此变化不大，而同期的第一、第三产业变动额均超过了 9%。因此重点考察第一、第三产业，笔者在此选择第一产业作为研究对象，是注意到与第一产业紧密相关的农村剩余劳动力流动和“城市化”现象在近些年表现十分突出。

② 宋海岩、刘淄楠、蒋萍《改革时期中国总投资决定因素的分析》，《世界经济文汇》2003 年第 1 期。宋海岩等人（2003）计算各省折旧率等于全国折旧率加上各省经济增长率。理由是：各省资本使用情况不同，经济增长较快的省份会更多地使用资本，从而产生更多折旧。本文亦采用此方法进行度量。

产业产值占实际 GDP 的比重，变量 v_i 表示不可观测的地区效应，目的在于控制省份的固定效应。经计算得到全国平均折旧率为 $\bar{\delta}=3.6\%$，ε_{it}为随机干扰项，服从独立同分布。符号Π表示由其他一些与劳动力供给和产业结构相关的影响经济增长的解释变量组成的控制变量矩阵。这些指标包括：城镇登记失业率（%），少年抚养比（%），老年抚养比（%）。其中少年抚养比用 0 ~ 14 岁人口占比（抽样调查数据）表示，老年抚养比用65 岁及以上人口占比（抽样调查数据）表示。①

文中所用变量数据均来源于中宏统计数据库和中国经济社会发展统计数据库，② 部分不一致和空缺的经济数据参考历年《中国统计年鉴》进行核实选取，所有操作均由 Stata10.0 计量软件完成。所选变量的一般性描述详见表 1。

表 1　变量定义和描述性统计

指标 变量	全国		东部地区		中部地区		西部地区	
	均值	标准差	均值	标准差	均值	标准差	均值	标准差
LnY	8.234	1.057	8.767	1.022	8.397	0.659	7.582	0.979
LnK	7.498	1.074	8.010	1.024	7.591	0.796	6.919	1.016
LnL	7.425	0.840	7.440	0.906	7.779	0.498	7.153	0.870
LnU	16.504	13.034	11.075	8.868	17.917	6.257	20.905	17.490
Elder	8.162	1.986	9.327	1.936	7.758	1.376	7.286	1.842
Young	20.688	5.257	17.862	5.571	20.874	4.378	23.414	3.852
Birth	6.127	3.434	4.542	3.195	5.687	2.372	8.032	3.401
Unemploy	3.517	0.813	3.246	0.992	3.559	0.683	3.751	0.596

通过对表 1 的统计数据观察得知，东、西部地区的各个指标存在明显的地区间差异和变动规律。如东部的国内生产总值（*LnY*）、物质资本（*LnK*）、劳动力供给（*LnL*）和老年抚养比（*Elder*）等数值明显高

① 在此并未直接引入人口总抚养比的统计数据，因为计量分析表明若以总抚养比来替代少年抚养比和老年抚养比两个指标，则模型中解释变量将出现多重共线性。对总抚养比的分析见图 3。

② 资料来源：http：//edu. macrochina. com. cn 和 http：//tongji. cnki. net/kns55/index. aspx。

于中西部地区。而在少年抚养比（*Young*）、人口出生率（*Birth*）、失业率（*Unemploy*）和产业结构转变系数（*LnU*）等方面又呈现出地区间反向变动的趋势。这种有序的变化趋势有助于从不同角度解释地区间的经济发展差异及对影响因素进行更深入的对比分析。

为更清楚地对相关变量的关系进行描述和分析，本文从人口红利的角度出发，选取 1996～2010 年 30 个省市的名义 GDP 增长率及人口抚养比指标。从图 1 可以看出，地区间的名义 GDP 经济增长率差异性不大，统计数据表明东部地区平均增长率为 11.9%，中部为 11.4%，西部为 11.3%，① 但各个地区不同年份名义 GDP 增长率的波动幅度较大。从人口抚养比来看，地区间的少年抚养比和总抚养比都出现了较为明显的下降趋势，但近年来变化逐渐趋于平缓，甚至部分省份出现了翻转向上的趋势。从短期来看，经济增长率与人口抚养比无明显的相关关系，其长期的相关性将借助计量模型加以验证。总体来看，较低的人口抚养比与较高的经济增长率是这一时期各个地区所呈现出的较为明显的共同特征。

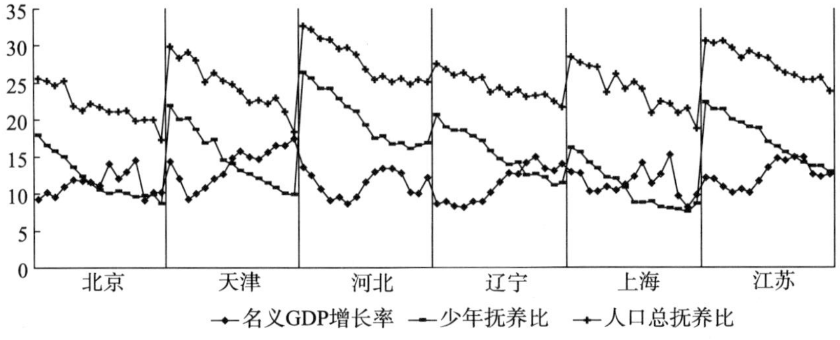

图 1（a） 1996～2010 年北京、天津等 6 省市经济增长率与人口抚养比的变化趋势

注：图中竖线分隔的每一分格代表一个省市，相应的每一个点对应每一年的数值，图 1（b）～（e）与此相同。

① 为与表 1 中的实际 GDP 数据相区别，在此选用了名义 GDP，但都能较好地反映地区间差异。

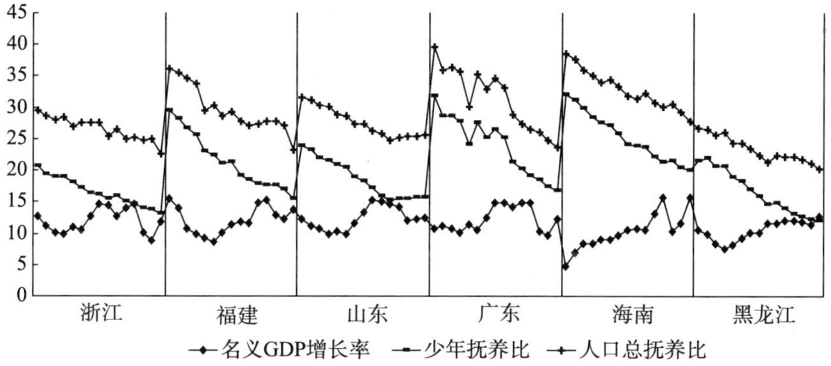

图1（b） 1996～2010年浙江、福建等6省经济增长率与人口抚养比的变化趋势

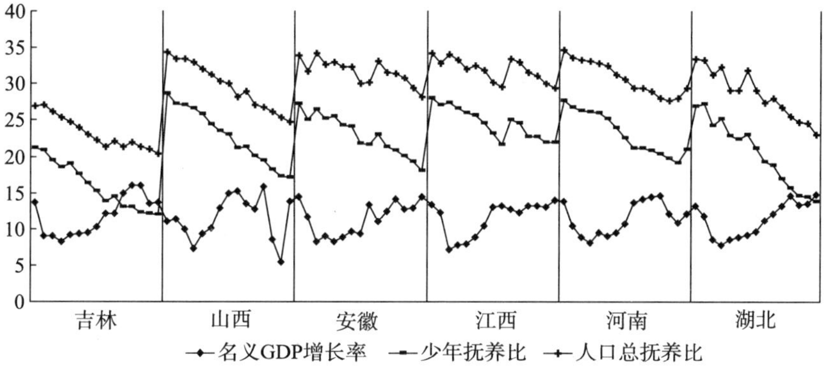

图1（c） 1996～2010年吉林、山西等6省经济增长率与人口抚养比的变化趋势

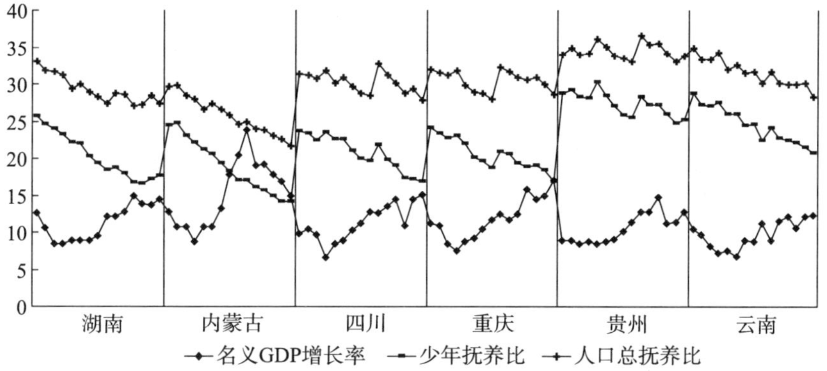

图1（d） 1996～2010年湖南、内蒙古等6省区市经济增长率与人口抚养比的变化趋势

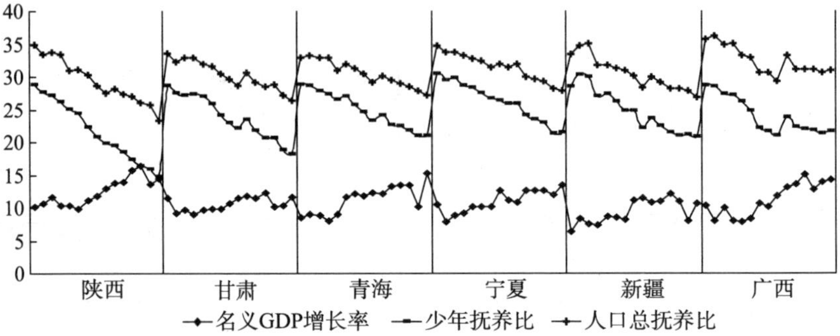

图 1（e） 1996~2010 年陕西、甘肃等 6 省区经济增长率与人口抚养比的变化趋势

四 回归结果

本文接下来将采用上述样本数据实证检验劳动力供给、产业结构变迁对中国经济增长的影响。考虑到地区间在经济增长、产业结构和劳动力供给等方面的差异，我们在估计回归方程时，为从宏观上了解变量间的关系首先进行整体回归分析（见表 2），同时考虑到中国各个地区在资源禀赋、产业结构等方面的诸多差异，以及围绕劳动力因素的区域间经济关联性，在参数估计时为全面反映地区间的差异进行了分地区的回归分析（见表 3），其次在对各解释变量进行数据分析的基础上，对地区间的经济增长因素贡献度进行了分解比较（见图 2），最后从人口红利的视角对人口抚养比与经济增长可能存在的地区特征进行了再分析（见图 3）。

（一）整体回归结果

表 2 给出了中国 1996~2010 年 30 个省份的全样本回归结果。整体上模型的拟合度较高，达到约 0.98 的水平。从估计结果来看，第一产业占比（*LnU*）的系数在 1% 的水平上显著为负，说明中国产业结构转型取得了一定的成效，第三产业在经济增长中的积极作用得到体现；物

质资本存量（*LnK*）的作用在1%的水平上显著为正，说明投资及储蓄等物质资本在经济增长中发挥了积极作用；在劳动力供给（*LnL*）方面，劳动力的投入对经济增长有利，当然劳动力与经济增长存在双向的推动作用，经济增长也有助于减少失业，增加劳动力供给；少年抚养比（*Young*）的系数为负，且在1%的水平上显著，老年抚养比（*Elder*）的系数也为负，尽管没有通过显著性检验，但这都反映出在劳动年龄人口供给数量得不到持续增加的前提下，总抚养比的上升加大了劳动力的抚养负担，对经济增长形成压力；从人口出生率（*Birth*）系数来看，通过了显著性检验且符号为正，说明目前实施计划生育政策之后的人口出生率对经济增长有益；失业率（*Unemploy*）的估计系数为正，但没有通过显著性检验，说明中国经济增长与失业率之间的联合作用机制尚未理顺，“无就业增长”问题①有待进一步研究。

表2　整体回归结果

模型 变量	REM		FEM	
	(1)	(2)	(3)	(4)
LnU	-0.0046*** (0.0013)	-0.0046*** (0.0012)	-0.0042*** (0.0011)	-0.0050*** (0.0011)
LnK	0.7258*** (0.0113)	0.6016*** (0.0147)	0.7702*** (0.0096)	0.6206*** (0.0138)
LnL	0.7635*** (0.0686)	0.6985*** (0.0651)	0.3082*** (0.0246)	0.4126(0.0242)
Young		-0.0345*** (0.0030)		-0.0392*** (0.0028)
Elder		-0.0043(0.0058)		-0.0059(0.0057)

① 2012年博鳌亚洲论坛的一个分论坛主题是：就业优先还是增长优先？当今的经济增长主要是三种要素所推动的：技术进步、资本驱动和就业水平提高。当一国的经济增长主要依靠资本驱动时，生产过程中要素投入的比重会出现失衡，劳动力所获得国民收入的份额会相应下降而资本所获份额提升。这进一步刺激资本的投入并挤出劳动力的供给。一旦某个经济体进入了这种恶性循环中，“无就业增长”的现象就出现了。中国在1993～2009年之间的资本投入平均增速高达12.94%更是惊人。当生产要素投入中资本的增速远高于劳动力时，经济增长对于就业的带动能力不断减弱也就在情理之中了。http：//money.163.com/special/。

续表

模型 变量	REM		FEM	
	(1)	(2)	(3)	(4)
Unemploy		0.0123(0.0088)		0.0017(0.0084)
Birth		0.0068 ** (0.0035)		0.0123 *** (0.0032)
C	-2.8019 *** (0.4651)	-0.7248(0.4942)	0.2399(0.1737)	1.3782 *** (0.1976)
R^2_within	0.9763	0.9841	0.9738	0.9833

注：REM、FEM 分别表示随机效应模型和固定效应模型。***、**、* 分别表示在 1%、5% 和 10% 的显著性水平上显著；( ) 中的数值是估计系数的标准差。

(二) 分区域回归结果

为考察地区间的差异，将总体样本划分为东、中、西三大区域后分别进行回归分析。由表 3 检验结果的数据得知，模型的拟合度较高，达到约 0.99 的水平。从各个地区面板数据的 Hausman 检验结果的统计量来看：东部地区的 *Chi—Sq* (7) = 18.153，与之对应的概率为 0.011。表明在 5% 的显著性水平下，拒绝随机效应模型的原假设，故建立固定效应模型。中部地区的 *Chi—Sq* (7) = 90.700，与之对应的概率为 0.000。表明在 1% 的显著性水平下亦应建立固定效应模型。[①] 从 *LnU*、*LnK*、*LnL* 的系数来看，其作用与表 2 所示一致，并且基本都在 1% 的显著性水平显著。通过比较发现东西部地区间存在明显的差异：东部地区在经济增长过程中产业结构调整的幅度最大，西部地区在劳动力对经济增长作用有限的情况下，更多地表现为资本投资对经济增长的拉动，说明西部大开发加大了对西部地区的资本投资力度。在劳动力方面东部地区的资源禀赋要较西部地区更加丰裕。

① 西部地区的 Hausman 检验无法得到明确结论。尽管计量模型大致选择了固定效应模型，不过从数据对比分析来看，地区间固定效应与随机效应结果并无太大差异，因此不影响本文的分析。

表 3　分区域回归结果

模型 变量	东部		中部		西部	
	REM	FEM	REM	FEM	REM	FEM
LnU	-0.0133 ***	-0.0161 ***	-0.0127 ***	-0.0138 ***	-0.0023 **	-0.0022
	(0.0036)	(0.0048)	(0.0018)	(0.0026)	(0.0010)	(0.0015)
LnK	0.6385 ***	0.6054 ***	0.5463 ***	0.5062 ***	0.6615 ***	0.6370 ***
	(0.0274)	(0.0287)	(0.0209)	(0.0224)	(0.0216)	(0.0251)
LnL	0.3622 ***	0.5946 ***	0.4720 ***	1.1994 ***	0.3229 ***	0.3765 **
	(0.0396)	(0.0870)	(0.0291)	(0.1710)	(0.0252)	(0.1496)
Young	-0.0371 ***	-0.0342 ***	-0.0387 ***	-0.0256 ***	-0.0225 ***	-0.0229 ***
	(0.0050)	(0.0057)	(0.0046)	(0.0052)	(0.0049)	(0.0050)
Elder	-0.0135	-0.0127 ***	-0.0216 **	0.0051	0.0065	0.0151
	(0.0079)	(0.0079)	(0.0101)	(0.0098)	(0.0108)	(0.0118)
Unemploy	0.0199 *	0.0203 ***	0.0813 ***	0.0287	-0.0292 **	-0.0325 **
	(0.0118)	(0.0124)	(0.0205)	(0.0209)	(0.0150)	(0.0156)
Birth	0.0337 ***	0.0255 ***	0.0221 ***	-0.0144 *	-0.0034 **	-0.0077
	(0.0053)	(0.0057)	(0.0069)	(0.0082)	(0.0051)	(0.0058)
C	1.6786 ***	0.2165	1.3691 ***	-4.0554 ***	1.3591 ***	1.1373
	(0.2782)	(0.6645)	(0.1403)	(1.300)	(0.2691)	(1.0557)
R^2_*within*	0.9845	0.9853	0.9882	0.9912	0.9855	0.9857

注：同表 2。

从控制变量的实证结果来看，东西部地区间出现了较为明显的差异，因此着重对东西部地区进行对比分析。(1) 从出生率 (*Birth*) 来看，东部地区的出生率对经济增长起积极作用，尽管数值只有约 0.03，但通过了 1% 的显著性检验，而西部地区的出生率尽管显著性水平不高，但可以观察到出生率对经济增长起抑制作用，这可能的一个解释是因为西部地区在经济发展水平本身相对低的情况下，在人力资本相对匮乏的环境下出生人口得不到相应的培训及教育，反而对经济增长形成压力。统计显示：2011 年西部省份宁夏和青海的人口出生率分别为 13.65% 和 14.43% ,

而同期东部的上海和北京仅为 8.58% 和 6.97%，远低于西部地区。[①] 而从公共财政预算教育经费支出可以发现：宁夏和青海分别为 82、97 亿元，但上海和北京却分别高达 435、506 亿元，[②] 说明西部地区的出生率没有对经济增长发挥正向影响主要是由于教育资金投入不足、人力资本落后造成的。(2) 从失业率（*Unemploy*）来看，检验效果是比较显著的，但是在东中部地区呈现出了经济与失业率同步增长的现象。这可能的一个解释是东中部地区面临着“无就业增长”的困境，即产业结构调整和技术进步对就业产生“挤出效应”，造成劳动人口的相对供给量远超过目前社会所能赋予的工作机会。陆梦龙（2008）认为这种现象或许是由于“城镇登记失业率”存在内在缺陷无法反映真实失业状况造成的。[③] (3) 从少年抚养比（*Young*）来看，各方面都通过了 1% 显著性水平检验，同时地区间的符号保持一致，这可能的原因是目前较高的少年抚养比加重了家庭的负担，从表 1 可以看出各地区的少年抚养比都接近 20% 的平均水平，这也说明较高的抚养比可能造成居民储蓄下降、降低生产性人口比重，进而对经济增长产生负面影响。(4) 从老年抚养比（*Elder*）来看，东西部存在明显差异，东部地区的老年抚养比与经济增长呈反方向变动，原因是老龄化降低了技术进步的速度、减缓了产业结构调整的步伐；[④] 对西部地区老年抚养比与经济增长同向变动的一个解释是，西部地区社会保障制度相对不完善，使退休的老年人重新进入劳动力市场寻求“二次就业”，这在一定程度上增加了有限

---

① 数据来源：《2011 年各省市区人口自然增长率、出生率、死亡率排名》，http://tieba.baidu.com.

② 数据来源：《2010 年全国各省公共财政预算教育经费支出排名》，http://blog.sina.com.cn/s/blog.

③ 资料来源：陆梦龙：《经济增长了，失业率一定会下降吗?》，http://www.study365.cn。

④ 有人从新的角度来分析老龄化对经济增长的积极影响：随着我国人口红利逐渐衰减，国内产业结构调整势在必行，大力发展资本密集型产业，倒逼技术密集型产业快速推进，产业结构成功升级。http://nf.nfdaily.cn。

的劳动供给并优化了资源配置，促进了经济的增长。①

（三）经济增长贡献率度量

为了测算各要素对经济增长的贡献率，将上述有效劳动模型（1）变换为差分方程表达式：$\frac{\Delta Y_{it}}{Y_{it}}=\frac{\Delta A_{it}}{A_{it}}+\alpha\frac{\Delta K_{it}}{K_{it}}+\beta\frac{\Delta L_{it}}{L\,it}+\eta\frac{\Delta U_{it}}{U_{it}}$，其中，$\frac{\Delta Y_{it}}{Y_{it}}$、$\frac{\Delta A_{it}}{A_{it}}$、$\frac{\Delta K_{it}}{K_{it}}$和$\frac{\Delta U_{it}}{U_{it}}$表示各因素的增长率，$\frac{\Delta Y_{it}}{Y_{it}}$一般采用国家或地区的 GDP 度量；相应的$\frac{\Delta K_{it}}{K_{it}}$、$\frac{\Delta L_{it}}{L_{it}}$和$\frac{\Delta U_{it}}{U_{it}}$分别代表物质资本存量、劳动力供给和第一产业产值比重的增长率（变化率）；α 和 β 分别为物质资本和劳动力供给的弹性系数；$\alpha\frac{\Delta K_{it}}{K_{it}}$、$\beta\frac{\Delta L_{it}}{L_{it}}$分别表示物质资本和劳动力投入的贡献份额，然后再分别除以$\frac{\Delta Y_{it}}{Y_{it}}$，所得数值即为其在经济增长中所发挥的作用（即贡献率）。具体计算要素贡献率的公式为：K 要素贡献率 $=\alpha\times\frac{\Delta K_{it}}{K_{it}}\Big/\frac{\Delta Y_{it}}{Y_{it}}\times 100\%$。要素 L 和变量 U 的贡献率公式与要素 K 的保持一致，在此不赘述。②

从图 2 结果来看，总体来说，物质资本、劳动力和产业结构等因素对经济增长的解释力度达到 80% 左右的水平，较好地反映了其在经济增长中的作用。在物质资本方面，东部地区物质资本（K）对经济增长

① 笔者认为，在一定程度上老年人口也可视为“准劳动力”，在城市化水平较低的地区（或农村），“退休”的概念对老年人而言比较模糊，西部地区发展水平较低，社保制度的不完善迫使老年人继续工作以减小不确定性预期。并且西部地区劳动力的外流造成区域内劳动力相对短缺，因此对老年人就业也形成了市场需求。

② 因为变量“技术进步”的统计数据不全，且没有一个较为合适的指标进行衡量，因此笔者将其归结到“其他因素”中而没有单独列出。在实际经济中“技术进步”的作用也会集中转化到物质资本、劳动力供给和产业结构等方面，所以此种做法也是较为合适和可理解的。

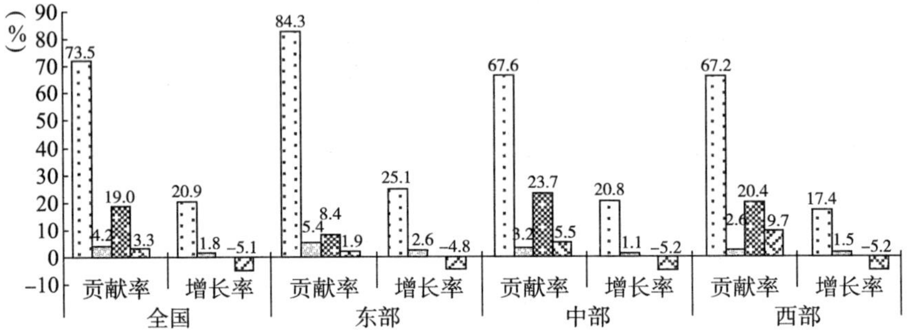

图 2　1996～2010 年经济增长因素的结构性分解

的贡献度（84.3%）远高于中部地区（67.6%）和西部地区（67.2%）；[①] 在劳动力方面，东部地区劳动力（*L*）的增长率（2.6%）也大于中部地区（1.1%）和西部地区（1.5%）；在产业结构方面，从所考察的第一产业来看，中西部地区第一产业对经济增长的作用十分明显，并且负的结构变动系数（*U*）也反映出第一产业的比重在不同地区间都呈现出下降趋势。在第二产业比重维持稳定的前提下也从侧面说明了第三产业在各个地区都得到了持续发展。地区间劳动力的流动尽管没有从模型中反映出来，但是从 2010 年的流动人口数据可以看出，中西部年轻劳动力流到东部地区也是一个普遍现象。[②] 而资本本身就有追逐

① 蔡昉、王德文（1999）认为物质资本对经济增长的贡献份额为 29.02%，劳动力对经济增长的贡献份额为 23.71%，人力资本对经济增长的贡献份额为 23.7%，劳动力配置对经济增长的贡献份额为 20.23%，技术进步对经济增长的贡献份额为 3.34%。源自《中国经济增长可持续性与劳动贡献》，《经济研究》1999 年第 10 期。笔者认为二者数据之间的差异主要由所选取的指标及考察范围造成，但都共同反映出物质资本对经济增长的贡献度要大于劳动力因素。

② 从“六普”主要人口数据看中国：从人口的迁移流向和地域分布看，主要表现为中西部地区人口向东部地区迁移，由此使东部地区人口比 2000 年上升 2.41 个百分点；中部地区人口下降 1.08 个百分点；西部地区人口下降 1.11 个百分点；东北地区人口下降 0.22 个百分点。目前我国的人口流动主要是结构性流动。http：//www. 12388. gov. cn/

利润的动机，作为对外开放的受益地区，东部地区物质资本丰裕，在促进当地经济增长方面作用显著。也有专家认为人口的数量、结构等因素对一国的经济发展潜力起到最终的决定作用。在经济发展过程中，持续下降的生育率会使人口减少，进而提高人均资源的拥有水平，这在初级阶段有利于经济发展。但是长此以往，伴随着年轻人口数量的减少，创业和创新的活动将会衰退，这将不利于经济的长远发展。[①]

（四）人口抚养比与区域经济差异再分析

尽管文中已对产业结构、少年抚养比、老年抚养比与经济增长的区域差异做了实证分析（见表3），并且对物质资本、劳动力和产业结构变动等因素对经济增长的贡献率进行了度量（见图2），但受模型变量的限制未从人口总抚养比的角度去分析其与区域间经济增长的关系及可能存在的地区特征。为弥补这一缺陷，本文以2010年为例，对地区间的人均GDP[②]与人口总抚养比做散点图进行分析。从图3大致可以看出，地区间的人口总抚养比与人均GDP存在明显的空间差异，人均GDP与人口总抚养比呈负相关关系。可能的原因为：首先是中西部省份较东部地区的生育率水平更高，并且中西部地区较大的人口基数降低了其人均收入水平，因此呈现出高抚养比与低收入同步的现象；其次是区域间的人口流动，尤其是年轻劳动力的流动，减少了中西部地区的劳动力供给，人力资本的流失对其经济增长产生了不利影响，[③] 而东部地区较为发达的经济基础，将会吸引更多的年轻劳动力进入，这在一定程度上降低了东部地区人口抚养比上升带来的负

① 《专家讨论分析人口与经济的关系》。http：//tech. hexun. com/2012－05－07/141115711. html

② 选择变量人均GDP的原因是其较GDP增长率而言，更能反映出各地区真实的经济发展水平和居民生活水平。当然图3中对人均GDP与人口总抚养比的分析，并不存在指明二者间因果关系的意图，而只是表明两者间存在的统计关系或可能存在的规律，并寻找理论与事实依据，以期做出合理解释。

③ 留守儿童与孤寡老人的增加，劳动力的外流，进一步加剧了人口抚养比的上升。

担，进一步促进了东部地区的经济发展，同时也加大了地区间的经济差距。

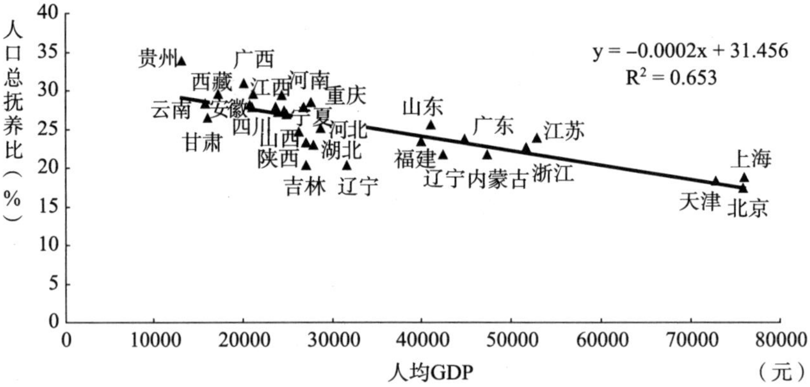

图 3　2010 年中国各省区人均 GDP 与人口总抚养比的散点图①

从 2000～2010 年普查的总人口数据对比发现：北京、上海和天津的年均增长率最高，分别为 3.56%、3.24% 和 2.6%；而同期有 6 个中西部省份出现负增长，如四川和贵州，分别为 -0.35% 和 -0.14%。② 地区间的人口流动不仅对其人口结构产生了影响，同时也在影响着地区间的产业结构变迁。而人口结构和产业结构的变化最终将反映在地区间的经济增长层面。随着地区间经济发展水平的差异化，其在人力资本水平等方面的差距也会不断拉大，从受教育程度（拥有大专及以上）人口比例的比较来看：北京、上海分别为 3% 和 2%，而贵州等西部省份

---

① 数据来源：根据 2011 年《中国统计年鉴》整理而成。在图形中由于部分省份间的点相对密集，因此未加以标注，但不影响文中对图形中规律的发现和分析。未标注的省份有：海南、湖南、新疆。从图形位置看，三省份均位于趋势线上，且与宁夏、河南、四川等省位置相近，总体来看位于图形的左上方。

② 数据来源：根据国家统计局数据整理而成。笔者在此对相关省份的数据予以比较，但并不意味着北京等东部发达省市的人口流入一定是来自四川等中西部省份，旨在说明区域间的人口流动数量十分庞大，并且人口流动也存在明显的地区性特征。

只有约 0.6%。[①] 诸多因素的相互作用，促使中国人口抚养比与经济增长呈现出明显的地区性特征。

五　结论性评述

本文从人口红利的视角对中国区域间 1996～2010 年的产业结构变迁、劳动力供给与经济增长之间的关系进行了研究：从整体层面来看，产业结构的变迁与劳动力供给之间存在着互动关系，二者在经济增长中发挥着不同的作用；从地区范围来看，区域间存在明显的差异和规律性特征，产业结构、劳动力供给（转移）和经济发展水平等因素也存在着较大差距。经济增长是以物质资本和人力资本等要素为依托的，导致各次产业的发展及其结构变动的因素，也构成了区域发展不平衡的原因。根据实证研究所得结论提出的具体对策建议如下。

第一，加大人力资本投资，提高劳动者技能水平。通过教育和培训提高劳动者素质进而提高劳动生产效率和促进技术进步是经济增长不可或缺的重要途径之一。劳动者人力资本的改善有助于提升其适应产业结构变迁的能力，同时也有助于减少失业，减少对人力资源的浪费。中国区域间人口红利也存在明显的差异，教育的投入有助于缩小地区间人力资本的差距，同时通过相关政策的引导，改善地区间的劳动力资源配置，进而实现经济的均衡发展。

第二，改善地区间公共资源的配置。合理的资源配置有助于优化地区间的产业结构布局，目前中国区域间发展不平衡的现状十分突出，东部地区积聚了大量的物质资本和人力资本，而中西部地区则相对短缺。为实现资源的充分利用，在优化区域间相关产业结构时需要国家政策的

① 数据的差异一方面是北京、上海拥有众多高校事实的一个反映，但是年轻化、高学历人才的涌入也为东部省市提供了丰富的人力资本积累。而中西部地区年轻人口的流入也为其发展提供了劳动力资源。

扶持和鼓励。同时要将区域间产业结构发展与其资源禀赋相结合，实现产业结构的合理化、高级化。

参考文献

[1] 蔡昉:《我国产业结构调整的方向和手段》,《经济学家》1990 年第 4 期。

[2] 蔡昉:《人口转变、人口红利与经济增长可持续性——兼论充分就业如何促进经济增长》,《人口研究》2004 年第 3 期。

[3] 蔡昉:《未来的人口红利——中国经济增长源泉的开拓》,《中国人口科学》2009 年第 1 期。

[4] 蔡昉:《未富先老与中国经济增长的可持续性》,《国际经济评论》2012 年第 1 期。

[5] 蔡昉:《人口转变、人口红利与刘易斯转折点》,《经济研究》2010 年第 4 期。

[6] 都阳:《人口转变、劳动力市场转折与经济发展》,《国际经济评论》2010 年第 6 期。

[7] 干春晖、郑若谷、余典范:《中国产业结构变迁对经济增长和波动的影响》,《经济研究》2011 年第 5 期。

[8] 黄茂兴、李军军:《技术选择、产业结构升级与经济增长》,《经济研究》2009 年第 7 期。

[9] 林毅夫:《战略抉择是经济改革与发展成功的关键》,《经济科学》1994 年第 3 期。

[10] 林毅夫:《人口老龄化及中国人口政策的思考》,《中国劳动经济学》2004 年第 1 期。

[11] 刘洪银:《人口抚养比对经济增长的影响分析》,《人口与经济》2008 年第 1 期。

[12] 刘伟、李绍荣:《产业结构与经济增长》,《中国工业经济》2002 年第 5 期。

[13] 刘伟、杨云龙:《工业化与市场化:中国第三次产业发展的双重历史使

命》,《经济研究》1992 年第 3 期。

[14] 刘伟、张辉:《中国经济增长中的产业结构变迁和技术进步》,《经济研究》2008 年第 11 期。

[15] 吕铁、周叔莲:《中国的产业结构升级与经济增长方式转变》,《管理世界》1999 年第 1 期。

[16] 蒲艳萍、吴永球:《经济增长、产业结构与劳动力转移》,《数量经济技术经济研究》2005 年第 9 期。

[17] 谭崇台:《略论经济增长方式的转变》,《经济评论》1996 年第 5 期。

[18] 王德文:《人口低生育率阶段的劳动力供求变化与中国经济增长》,《中国人口科学》2007 年第 1 期。

[19] 王金营、杨磊:《中国人口转变、人口红利与经济增长的实证》,《人口学刊》2010 年第 5 期。

[20] 杨中新:《中国人口老龄化与区域产业结构调整研究》,社会科学文献出版社,2005。

[21] 袁富华:《长期增长过程的"结构性加速"与"结构性减速":一种解释》,《经济研究》2012 年第 3 期。

[22] 钟水映、李魁:《人口红利空间外溢与省域经济增长》,《管理世界》2010 年第 4 期。

[23] Alexia Prskawetz, Thomas Lindh., 2006, The Impact of Population Ageing on Innovation and Productivity Growth in Europe. *Research Report.* (3). 1 - 168.

[24] Chenery, H., 1979, *Structural Change and Development Policy.* Oxford University Press.

[25] Christian GÖ bel and Thomas Zwick. Age and Productivity—Sector Differences? Discussion Paper. 2011 (10). 1 - 38.

[26] Clark Colin., 1957, *The Conditions of Economic Progress.* New York: St. Martin's Press.

[27] Ewa Orzechow, ska-Fischer., 2004, " Labour Force Ageing: Its Impact On Employment Level And Structure. The Cases From Japan And Australia". Working Paper. 1 - 41.

[28] Gary Burtless, 2008, The Rising Age at Retirement in Industrial Countries. CRR WP 2008 - 6. 1 - 57.

[29] Harris, J. & Todaro, M., 1970, "Migration, Unemployment and Development: A Two Sector Analysis". *American Economic Review*. Vol. 47. 126 - 142.

[30] Hiroshi Sakamoto. Provincial Economic Growth and Industrial Structure in China: An Index Approach. Working Paper Series Vol. 2011 - 01. January 2011. 1 - 22.

[31] John, C. H., Fei, Gustav Ranis., 1964, *Development of the Labor Surplus Economy: Theory and Policy*. Yale University. 1964.

[32] Jorgenson, D., 1967, Surplus Agricultural Labour and the Development of a Dual Economy. *Oxford Economic Papers*. Vol. 19 (3): 288 - 312.

[33] Kuznets, Simon, 1973, "Modern Economic Growth: Findings and Reflections". *American Economic Review*, 68, 829 - 846.

[34] Lewis, W. A. Economic Development with Unlimited Supplies of labor, *The Manchester School*, 1954, Vol. 22, 139—191.

[35] Lohmar Bryan, Scott Rozelle and Changbao Zhao, 2000, The Rise of Rural-to-Rural Labor Markets in China. Working Paper No. 00 - 020. 1 - 44.

[36] Petty William., 1970, *The Political Anatomy of Ireland: with the Establishment for that Kingdom and Verbum Sapienti*. Shannon, Ireland: Irish University Press.

[37] Thomas Lindh, Bo Malmberg., 2009, "EU Economic Growth and the Age Structure of the Population". *Economic Change and Restructuring*. (42). 159 - 187.

Regional Differences Study on Industrial Structure Change, Labor Supply and Economic Growth

—Empirical Analysis on Salary Difference between Monoplistic Industries and Competitive Industries

Liu Lingling Xu Lei

Abstract: Based on the C-D production function, from the view of demographic dividend, this paper offers an empirical study of industrial structure, the labor supply and economic growth in China from 1996 to 2010. The results show: there are significant differences in the regional population age structure. In the short term, changes in economic growth rates and population dependency ratio have no correlation, and in the long run, the income levels per capita are negatively related with population dependency ratio. As for the industrial structure, the first industry is negatively related with economic growth, but the contribution of the first industry to the central and western economic growth is much larger than that to the eastern part. While the material capital contribution of the eastern region to the economic growth is apparently larger than that of the centeral and western region. At the same time, the rate of labor force growth in the eastern area is also larger than the central and western areas. The policy implication is to actively narrow the human capital gap between regions, to further improve the population policy and labor market system, to promote the level of regional public resource configuration, and to achieve balanced development of regional economy.

Key Words: Industrial Structure; Labor Supply; Economic Growth; Regional Differences

JEL Classification: J21, J28, J63, J68

农业贸易自由化、财政支农与农村减贫

秦建军*

摘　要　本文通过贸易自由化与减贫关系的理论探讨，建立起了联立方程模型，并利用广义矩估计法（GMM）分析了农业贸易自由化、财政支农对农村减贫的影响。研究发现：农业贸易自由化促进了农业生产率的提高，提升了农村非农就业率和非农工资水平，缓解了农村贫困。贸易结构中，农产品出口更有利于农村减贫。财政支农投入构成了农村经济增长、缩小城乡差距和农村减贫的重要因素。区域比较中，西部农户在农业贸易自由化中处于不利地位，而加大对西部地区教育和水利设施的财政支持，具有更明显的减贫效果。

关键词　贸易自由化；财政支农；减贫

一　引言

改革开放以来，中国的经济增长、农业贸易发展和农村减贫都

* 秦建军（1982～），男，汉，河南周口人，江苏农科院助理研究员，博士，农业与农村发展专业。电话：15190494519，E-mail：qinjj123@yahoo.cn，通信地址：南京市玄武区钟灵街50号江苏省农业科学院农业经济与信息研究所208室，邮编：210014。

取得了显著的成就。1978~2000年间，国内生产总值以每年约8%的速度增长，2000~2009年间平均增长率更是高达10%以上；同期，农产品贸易年均增长率近18%，也实现了快速增长。其间，农村贫困人口也有了显著下降，按照官方的绝对贫困人口标准，农村贫困人口从1978年的2.6亿下降到2007年的1479万，贫困发生率从30.7%下降到1.6%；按照低收入标准确定的贫困线，[①]中国农村贫困人口从2000年的9422万下降到2009年的3597万，贫困发生率从10.2%下降到3.8%。从数量关系和时间维度上看，中国的经济增长、农业贸易增长和农村减贫呈现出高度吻合的态势。那么，三者之间是否存在内在联系？农业贸易自由化、财政支农投入是如何影响农村减贫的，受影响的区域间又有何差异？弄清这些问题，对认识贸易自由化、财政支农投入对中国农村减贫的影响及政策实施效果具有重要意义。

二　研究综述——贸易自由化与减贫的关系之争

从现有的研究来看，贸易对贫困的影响较为复杂，多数研究认为贸易自由化可以降低贫困（Klenow and Rodriguez, 1997；Dollar and Kraay, 2001；Irwin and Tervio, 2002；World Bank, 2002等），他们认为贸易可以通过优化资源配置促进经济增长、提高非熟练工人工资和技术水平来提高贫困人口收入并改善他们的福利。然而，持相悖观点的人认为贸易利益大多被富人掌控，而不利于贫困人口的减少（Matsuyama, 1992；Agenor and Aizenman, 1996；Beyer and Vergara, 1999；等），贸易可能提高整个国家的福利，但也有可能剥夺低收入

① 在测算农村贫困人口时，2007年及以前各年国家统计局同时使用绝对贫困人口标准和低收入人口标准，2008年则不再区分贫困人口和低收入人口，把原来的低收入标准作为新的农村贫困标准。

人群进入市场的机会，导致贫困人群面临更多的风险和不确定性。中国在经济增长和农村减贫上取得的成就，引致了很多学者对中国贸易开放与减贫关系的研究。Chen and Ravallion（1996）认为贸易自由化使城镇居民受益，而贫困的农村居民由于农村工资率的下降和主要消费品价格的上涨导致生活水平急剧下降；Hertel（2004）的研究表明通过促进劳动力流动等要素市场的改革，加入 WTO 使所有家庭都会受益，城市居民家庭受益会最多，在农村内部，有多种收入来源的农村居民要比主要依赖农业收入的农村居民受益更大，贸易自由化对西部贫困地区没有显著影响。

进一步对于贸易自由化、政府支持对经济增长和减贫的影响，学者们主要是从以下几个方面展开讨论的。

关于贸易自由化对经济增长的作用，部分学者认为，在中短期内，经济增长和生产率的提高通常是由贸易的扩张引发的；长期中的技术进步、资本报酬率的提高、规模效应和竞争优势、市场的完善、对政府寻租的限制等都是贸易自由化带来的好处，这些因素都有益于经济的增长（Gene M. and Elhanan，1991；Lucas，1988）。然而，以上益处和贸易自由化的关系不是十分确定的，现实中同样存在贸易过度开放损害了一些部门的活力并阻碍了经济增长的实例（Rodriguez and Rodrik，2001）。尽管如此，Jones（2001）认为从大多数国家来看，贸易自由化并没有对各国经济增长造成伤害，通常贸易自由化程度的提高会伴随经济的快速增长。

Dollar and Kraay（2002）对经济增长与贫困的关系做了大量的实证研究，并通过计量模型构建证明了经济增长对穷人不利的事实。White and Anderson（2001）把经济增长区分为“对穷人有利的经济增长”和“对穷人不利的经济增长”，研究发现在考察对象国中有四分之一的经济增长是不利于穷人的，经济增长带来的好处被收入分配的不平等所抵消。但是，在他们的研究中并没有能够区分出哪些经济增长是对穷人有利的，哪些经济增长是对穷人不利的。国内的多数经济学者认为，经济增长有效地缓解了贫困，但同时收入分配状况的恶化不利于进一步减贫（陈绍华、王燕，2001；林伯强，2003；胡兵等，2005），随着中国收入不平等的扩大，经济增长对减贫的促进作用也在逐渐减小（胡鞍钢，2006；万广华、张茵，2006）。

家庭是最基本的贫困单位，分析贸易如何通过价格影响家庭消费支出是考察贸易影响家庭贫困作用的重要途径。贸易自由化的影响在于创造或毁灭了部分市场，贸易开放使具有竞争优势的产品市场得以扩大，而导致不具有竞争优势的产品退出市场（Romer，1994），融入市场的程度决定了家庭的收入进而影响到贫困。贫困人口不能从贸易引致需求的增加中直接获益，但能从消费和服务需求的增长中间接获益，称为贸易对穷人的“溢出效应”（Mellor and Gavian，1999）。看到贸易影响家庭收入的同时，应该认识到市场同样会导致家庭面临更多的风险，如增强了家庭受到市场冲击的脆弱性，贸易自由化引起的不利价格变动也会使穷人受到打击等（Barret and Dorosh，1996；Levinsohn et al.，1999）。

贸易自由化对贫困影响的另一个方面在于其对国内劳动力市场的冲击，进而影响工资和就业。Edwards and Edwards（1996）发现受到贸易冲击最大的行业也是失业最为严重的部门，同时也是最容易导致贫困的群体。Martin and Scott（1999）估计了哈萨克斯坦的农业部门，当贸易影响就业导致失业增加1%时，会使收入降低1.5%，从而引发更多的贫困。贸易自由化可以促进经济增长，为穷人提供更多的就业机会，但也可能会使政府取消对一些部门的保护，使这些部门的失业增加，贫困加剧（郭熙保、罗知，2008）。由于发展中国家的劳动力具有很高的供给弹性，贸易对劳动力成本低的国家的就业和工资影响更大。尽管劳动力可以在不同的部门之间转移，但是大量的实证分析表明劳动力部门间的转移需要很长的调整时间，短期内贸易对工资和就业的影响不同于长期（Sebastian，1988；Milner and Peter，1998）。

目前，尚没有充分的理论和实证证明贸易自由化和政府收入的关系。Pritchett and Sethi（1994）采用了发展中国家的一些案例验证了贸易开放与政府的收入之间存在一种微弱的联系，另外还有一些经济学者对各国的贸易开放与政府收入做了一些实证研究（Ebrill et al.，1999；Graham，2000），认为关税收入的增长与GDP的增长并不成比例。政府收入的减少可能影响政府在公共事业上的支付能力。道路、医疗、水利和电力等公共基础设施需要政府的高投入，此类基础设施在减少贫困方面起到了重要的作用，因此政府收入减少不仅影响到收入贫困还会影响到多维的贫困（Killick，1995；White，1997）。Ravallion（1995）等大量的研究事实证明发展中国家瞄准穷人的财政支出对减贫有十分重要的作用，例如政府对教育、社会培训、专项扶贫项目等的投入对减贫具有重要意义。

以上文献反映出贸易自由化对经济增长和减贫的差异化影响，一方面，贸易自由化促进了经济增长，提高了资源报酬率，并通过“涓滴效应”使穷人获益，经济增长还促使政府具备了调节收入再分配、减少贫困的能力；另一方面，贸易自由化调整可能会伴随较高的成本，导致失业、收入不平等加剧和贫困程度加深等不利后果。贸易自由化程度对我国农村减贫的影响是一个值得关注的问题。我们将利用中国分省数据对农业贸易自由化、财政支农投入对农村减贫的影响做进一步的理论和实证分析。

三　理论基础——贸易与福利的简单模型

贸易自由化与贫困之间的关系是十分复杂的，本文首先考察贸易对经济增长的影响，其次考察经济增长是如何影响不同群体的收益分配进而影响贫困的。按照Harris-Todaro（1970）的小国开放模型和Chang（2005）的静态模型，本文构建贸易自由化对不同部门的产出效率和福利（贫困）影响的拓展模型。

假定：（1）有两个部门，非农业部门1和农业部门2；（2）生产两种产品 1 和 2，同时也是仅有的两种消费品；（3）劳动力是唯一的投入要素；（4）两部门的劳动力禀赋存在差异，两种产品的生产函数采用柯布—道格拉斯函数形式：

$$Y_i = A_i L_i^{\alpha_i}, i = 1,2, 0 < \alpha_i < 1 \tag{1}$$

贸易是与市场相关联的，经济主体是通过市场参与影响收入进而摆脱贫困的。要素市场和产品市场是完全竞争的，根据利润最大化原则两部门中产品的边际价值等于劳动者工资，那么有：

$$\alpha_i A_i P_i L_i^{\alpha_i - 1} = W_i \tag{2}$$

其中，P_i 为产品价格，W_i 为部门工资。P_i 是产品 i 的国内市场价格，由于国内贸易政策的限制不同于国际价格 P_i^*，特别是对产品实施进口关税时有 $P_i > P_i^*$，贸易自由化的调整意味着产品价格在 P_i 和 P_i^* 之间波动。

按照 Harris-Todaro 模型，两部门的工资有差异，非农业部门有最低工资 $W_{\min}$，高于农业部门的工资 W_2，即：$W_1 = W_{\min} > W_2$。模型对人口流动和城市失业现象的解释为，农村劳动力是否转移到城市不仅取决于城乡收入差距，还取决于城市就业情况。

在不考虑兼业的情况下，两部门的劳动力数量为：$L_1 + L_2 + U = L$，其中，U 为 1 部门的劳动失业情况，那么 1 部门的就业率为 $L_1/(L_1 + U)$，根据劳动力市场的作用，农业部门的劳动工资期望值为：

$$W_2 = [L_1/(L_1 + U)] W_{\min} \tag{3}$$

贸易自由化的作用在于，使国内价格高于国际价格的产品的价格趋近于国际价格，某部门国内产品价格的降低，会导致该部门的劳动报酬降低，劳动力就会向有利于出口贸易的部门转移。

考虑消费者函数，满足 C－D 形式：

$$C = C_1^{\gamma} C_2^{1-\gamma} / \gamma^{\gamma} (1 - \gamma)^{1-\gamma} \tag{4}$$

消费者的收入约束为 I，那么消费者效用最大化的消费约束为：

$$P_1C_1 + P_2C_2 = I \tag{5}$$

所有的劳动者都收到来自政府的转移支付 T_W，劳动力市场决定劳动者的部门分布和工资，在风险中性的情形下，劳动者选择工资最高的部门就业。厂商的收入为产品销售利润和政府的转移支付 T_K。政府的收入来自对产品的征税 P_i-P_i^*，其中产品 2 的税率为 t。于是，政府的预算等式为：

$$(P_1 - P_1^*)(C_1^a - Y_1) + tY_2 = LT_W + T_K \tag{6}$$

式中，C_i^a 表示国内消费商品的总量。由于每个消费者对于商品 1 的消费为收入的 γ，那么消费者在商品 1 上的支出额为：

$$P_1C_1^a = \gamma(P_1Y_1 + P_2Y_2 + LT_W + T_K + tY_2) \tag{7}$$

从而消费者的总支出等于总收入为：

$$P_1C_1^a + P_2C_2^a = P_1Y_1 + P_2Y_2 + LT_W + T_K + tY_2 \tag{8}$$

利用公式（6）可以消除 $LT_W + T_K$，于是得到：

$$P_1^*C_1^a + P_2^*C_2^a = P_1^*Y_1 + P_2^*Y_2 + tY_2 \tag{9}$$

从以上的推算中可知，国内的消费量等于生产量与贸易量的和，与关税的大小无关。

以上模型中，由于部门 1 存在最低工资，因此，劳动力市场存在扭曲，效率的扭曲导致产品 1 的产量不足，当贸易开放时，关税反映到价格上使劳动力市场扭曲减弱，从而导致部门 1 的生产扩大。通过贸易政策的调整降低了消费者扭曲，而增加了生产的扭曲，因此，贸易政策的有效作用在于劳动力市场扭曲的有效调整。

这里，用 Z 表示国际价格水平下的总生产效益，用国际价格水平下消费量的总和表示经济主体的福利（ZZ）。从公式来看，二者仅相差一项 tY_2。

$$Z = P_1^* Y_1 + P_2^* Y_2 = P_1^* A_1 L_1^{\alpha 1} + A_2 L_2^{\alpha 2} \tag{10}$$

$$ZZ = P_1^* Y_1 + P_2^* Y_2 + tY_2 = P_1^* A_1 L_1^{\alpha 1} + A_2 L_2^{\alpha 2} + tA_2 L_2^{\alpha 2} \tag{11}$$

接下来，考察劳动力市场和产品市场有无市场扭曲的四种情形下部门消费者的福利影响。四种情形分别为劳动力市场和产品市场都不存在扭曲，劳动力市场存在扭曲，产品市场存在扭曲，劳动力市场和产品市场都存在扭曲，对福利函数计算农业部门的贸易政策对消费者福利影响的模拟结果：

情形Ⅰ（两市场都无扭曲）：

$$\frac{\partial ZZ}{\partial p_2} = 0 \tag{12}$$

情形Ⅱ（劳动力市场扭曲）：

$$\frac{\partial ZZ}{\partial p_2} = W_{\min} \frac{\partial L_2}{\partial p_2}\left[\frac{p_2^*}{p_2}(1+t) - \frac{L_1 + U}{L_1}\right] \tag{13}$$

情形Ⅲ（产品市场扭曲）：

$$\frac{\partial ZZ}{\partial p_2} = W \frac{\partial L_2}{\partial p_2}\left[\frac{p_2^*}{p_2}(1+t) - 1\right] W \frac{\partial L_1}{\partial p_1}\left[\frac{p_1^*}{p_1} - 1 - t\right] \tag{14}$$

情形Ⅳ（均有扭曲）：

$$\frac{\partial ZZ}{\partial p_2} = W_{\min} \frac{\partial L_1}{\partial p_2} + W_2 \frac{\partial L_2}{\partial p_2}\frac{p_2^*}{p_2} + W_2 \frac{\partial L_2}{\partial p_2} t \frac{p_2^*}{p_2} \tag{15}$$

当贸易政策发生变化，劳动力市场和产品市场都不存在扭曲即满足情形Ⅰ时，关税的边际效果等于零，市场是完全竞争的，消费者的福利在市场的配置下达到最优，贫困者仅受到市场作用的影响。当劳动力市场存在扭曲，满足情形Ⅱ时，农业部门消费者的福利变化取决于政府对农产品的征税税率，由于部门 1 存在最低工资，将不利于农业部门消费者的福利提高，若政府能够对农业部门实施补贴则有利于农业部门消费者福利的改善。当产品市场存在扭曲，满足情形Ⅲ时，农业部门消费者的福利变化取决于国际产品价格和国内产品价格的比较以及政府对农业部门的征税和补贴情况，价格和税率的变化可能导致消费者福利的增加或减少，取决于情形Ⅲ是大于0还是小于0。当产品市场和劳动市场都有扭曲，满足情形Ⅳ时，贸易政策对福利的影响除了依赖于劳动力市场，同时还受到产品市场的影响，贸易政策的影响会变得更为迟钝。

四　中国的实证

关于贸易自由化与农村减贫的研究，多是利用单方程回归模型。正如前文讨论，贸易自由化对农村贫困不是直接作用的，而产出、就业、工资、收入差距和政府支出等变量都是内生的，因此，本文参考已有模型（Shenggen Fan etc.，2002；林伯强，2005）建立联立方程。利用广义矩估计方法（GMM）对农业贸易自由化、财政支农对农村减贫的影响作估计。

（一）数据与方程

1. 数据

本文使用2000～2009年，包括全国31个省市区的面板数据。数据主要来源于国家统计局的《中国统计年鉴》《中国农村统计年鉴》《农业统计年鉴》《水利统计年鉴》和《电力统计年鉴》等，还包括31个省和地区的分省统计年鉴、各年度劳动和社会保障事业发展公报、世界银行统计资料以及“国研网数据库”等，此外，学者们已有的研究也为本文提供了一些基础性的数据资料。

2. 方程

建立系统联立方程如下：

（1）贫困方程

$$PI = f(AGDPPC, INFIAT, NAWAGE, NAGEMPLY, INEQ, ATPOP)$$

（2）产出、工资和就业方程

$$AGDPPC = f(SCHY, ATD, AK, ARES, AROB, IRR, AFERB, ALIG, CLAO, LIUS, CZAI, AIMP, AEXP)$$

$$NAWAGE = f(NAGEMPLYB, SCHY, NAK, AGDPPC, UGDPPC, LOST, AIMP, AEXP)$$

$$NAGEMPLYB = f(NAWAGE, SCHY, NAK, AGDPPC, UGDPPC, LOST, AIMP, AEXP)$$

（3）收入分配方程

$$INEQ = f(NAGDPB, NAK, NCPI/UCPI, ATPOP, AIMP, AEXP, LOST)$$

（4）政府支出和贸易条件方程

$$IRR = f(IRRE, IRRE_{-1}, \ldots, IRRE_{-j})$$

$$SCHY = f(SCHYE, SCHYE_{-1}, \ldots, SCHYE_{-n})$$

$$ALIG = f(ALIGE, ALIGE_{-1}, \ldots, ALIGE_{-l})$$

$$ATPOP = f(AGDPPC, AGDPPC_n, UGDPPC)$$

联立方程由四部分构成：方程中各个变量的定义见表1。

表1 模型变量及其解释

变量	定义	变量	定义
外生变量		外生变量	
ATD	人均耕地面积	*NCPI*	农村居民消费价格指数
AK	人均农业资金	*UCPI*	城镇居民消费价格指数
NAK	农村人均非农业资金	*TRADE*	贸易开放度指标
ALIGE	政府用于电力的支出	*AIMP*	农产品进口指标
UGDPPC	城镇人口人均 GDP	*AEXP*	农产品出口指标
IRRE	在灌溉上的政府支出	内生变量	
ARES	在农业研发上的政府支出	*PI*	在贫困线以下的农村人口百分比
AROB	农业机械总动力	*SCHY*	农村人口(16岁以上)受教育年限
SCHYE	在农村教育上的政府支出	*IRR*	水浇地占所有种植土地的百分比
AFERB	农村化肥施用量	*ALIG*	电力消耗
PWRE	在农村能源上的政府支出	*NAWAGE*	农村地区非农业劳动力的工资水平
PLOAN	缓解贫困的政府支出	*NAGEMPLY*	非农就业占全部农村就业的百分比

续表

变量	定义	变量	定义
INFIAT	农村通货膨胀率	*AGDPPC*	人均农业 GDP
CIAO	农业除涝面积	*AGDPPCn*	农业生产率的增长
LIUS	水土流失面积	*NAGDPPC*	农村地区人均非农业 GDP
CZAI	土地成灾面积	*ATPOP*	贸易条件,农业价格比工业品价格
LOST	城镇失业率	*INEQ*	城乡收入差距

贫困方程构架了农村减贫的决定因素。关于贫困的测度,[①] 本文采用国家统计局划定的绝对贫困线以下的农村人口占农村总人口的比重来衡量。引入农业人均 GDP 主要是反映农业经济增长对农村的减贫作用，从农业发展过程来看，农业经济增长对农村减贫起到了关键作用，农业收入在农村家庭收入中仍占很大比重，特别是欠发达的贫困地区。

农村劳动力的非农工资和非农就业成为农村居民收入的重要来源，并成为贫困家庭仅次于农业收入的第二收入来源。非农工资和非农就业作为农村非农收入的替代变量，反映了非农部门工资变化和就业人数变化对农村减贫的影响，对农村扶贫工作有更好的政策指导意义（林伯强，2005）。通货膨胀主要是通过相对价格的变化来影响农村居民的财富和贫困的，引入通货膨胀率作为反映宏观经济变化的变量，目的在于控制价格的变化对分析结果产生的影响，这里采用农村消费价格指数来反映通货膨胀的变化。农产品国内贸易条件主要用来考察农产品价格相对于非农产品价格的波动对农村贫困的影响，如果农村贫困人口是农产品净购买者，农产品相对价格提高会使贫困人口受损；如果贫困人口是农产品净卖出者，农产品相对价格提高会使贫困人口获益，从而降低贫困发生率。城乡收入差距反映农村居民的相对贫困程度，如果市场在分配资源时更倾向于初始资源禀赋较高的城镇居民而不利于农村居民，特

① 有关贫困测量和标准的专门研究很多，详情可以参考罗遐《1980 年代中期以来中国贫困问题研究综述》,《学术界》2007 年 6 月第 127 期。

别是农村贫困人口，就会提高农村的贫困发生率。农业贸易自由化程度是通过农产品的进出口贸易额度来反映的，贸易结构的影响程度是通过区分农产品出口和进口来衡量的。

联立方程的第二部分由农业生产率方程、农村劳动力非农工资和就业三个等式构成。农业生产率方程中包含了物质投入、劳动、技术投入和农业外部环境等变量。非农工资和非农就业方程是劳动力市场均衡条件下的基本构成方程，影响农村劳动力非农工资和就业的因素主要有：劳动力市场、人力资本、宏观经济环境等。方程第三部分由收入差异方程构成，城乡收入差距是用城镇人口的可支配收入与乡村人口纯收入的比值来衡量的。影响收入分配差距的主要因素有资源禀赋、资源分配和经济政策导向等。第四部分构建了基础设施投资和政府历年支出关系的等式以及国内贸易条件等式。财政支农在我国农村减贫过程中起到过积极的作用，政府以“以工代赈”等形式在缓解农村早期贫困中发挥了巨大作用。

3. 残差项

联立方程中，农村贫困主要是从物质和资本的匮乏角度来衡量的。然而，目前农村贫困群体中部分是因为疾病、残障和行为能力不足而引致的贫困，对此类特定因素引起的贫困以及财政转移支付对特定贫困的影响，我们将其归入残差项中。疾病对于家庭来说是一种灾难，贫伴着病，病伴着贫，贫病交加，形成恶性循环（洪秋妹、常向阳，2010）。残障、疾病和行为能力不足等会通过影响物质资本、人力资本和社会资本的获得进而影响短期贫困和长期贫困；此外，贫困区域医疗资源缺乏、社会排斥程度较高以及贫困文化的固化作用等因素也削弱了贫困者的减贫能力。因此，加大对残障、疾病和行为能力不足等特定贫困群体的财政转移支付力度，特别是积极推行农村弱势群体救助制度和完善农村医疗保障制度，提高补偿额度和对弱势群体的瞄准精度，对提高农村居民的收入水平，增强农户自身的抗风险能力和控制因病返贫现象等具有积极意义。

（二）回归结果

对联立方程模型进行识别的结果显示：方程组（1）～（4）可以识别，因此，我们可以对联立方程求解。方程组（4）中，政府对水利、电力和农村教育等公共基础建设的投入对经济增长和农村减贫的影响具有很强的滞后性，因此，需要选择恰当的滞后期数。我们根据多项式分布滞后法（PDLs）以及结果显示的 Akaike 信息标准值（AIC）和 Schwarz 信息标准值（SIC）来确定每项政府投资的恰当滞后值，从而更好地对模型进行估计。方程估计采用双对数形式，估计系数值表示各变量的弹性值。估计结果见表 2。

估计结果显示，多数的估计系数在 5% 的水平下显著，并且单方程的估计结果拟合度较高。农业生产率的提高对农村减贫起到了积极作用。非农工资的提高和非农就业机会的增加对缓解农村贫困的作用是显著的，农业生产率的提高为农村劳动力的非农劳动提供了供给基础，非农业经济的快速发展为农村劳动力参与非农劳动提供了需求基础，二者成为了当前和今后农村摆脱贫困的重要途径。城乡收入差距的回归系数为正，说明收入差距扩大和分配不公不利于农村减贫，这一结论有较强的政策含义：当经济增长到一定的阶段，促进收入分配的公平合理将成为缓解贫困的重要举措。国内贸易条件系数为负，意味着较高的农产品价格对农村减贫是有利的，国内贸易条件能够从整体上反映农产品价格的相对优势，也体现了国家实施农产品价格保护制度对农村减贫的积极作用，但是，它不能反映农村贫困农户与非贫困农户的情况，更不能反映农村贫困人口的市场参与程度。农村通货膨胀率的估计系数不显著，表明通胀对农村减贫的作用并不十分确定。

贸易对贫困影响的估计结果显示，贸易自由化对农村减贫起到了积极的正向作用。农产品贸易对农业生产率的影响可以具体区分为进口影响和出口影响，其中，农产品出口对农业产出值增加有正的影响，而农产品进口则在一定程度上削弱了农业生产率的提高。非农工资和非农就

表 2　联立方程模型回归结果

(1) $\ln(PI) = -0.001473\ln(AGDPPC) - 0.071118\ln(INFIAT) - 0.000192(NAWAGE) - 10.03504\ln(NAGEMPLY) + 2.896149\ln(INEQ) -$

(−5.09)*　(−0.50)　(−1.7)***　(−3.3)*　(4.9)*

$11.66737\ln(ATPOP)$

(−4.1)*

(2) $\ln(AGDPPC) = 1.471218\ln(SCHY) + 0.073752\ln(ATD) + 0.650562\ln(AK) + 0.006097\ln(ARES) + 0.300840\ln(AROB) + 0.216354$

(12.29)*　(1.24)　(22.34)*　(1.13)　(5.21)*

$\ln(IRR) + 0.312595\log(AFERB) + 0.016193\ln(ALIG) + 0.021450\ln(CLAO) - 0.011682\ln(LIUS) - 0.039092$

(3.28)*　(4.96)*　(1.24)　(1.66)***　(−1.03)

$\ln(CZAI) + 0.016581\ln(AIMP) + 0.082521\ln(AEXP)$

(−1.74)***　(0.99)　(3.12)*

(3) $\ln(NAWAGE) = 0.0776\ln(NAGEMPLY) + 0.1584\ln(NAK) + 0.17857\ln(SCHY) + 0.7241\ln(AGDPPC(-1)) + 1.515778$

(1.18)　(4.91)*　(2.07)**　(15.8)*

$\ln(UGDPPC(-1)) - 0.158363\ln(LOST) + 0.045047\ln(AIMP) + 0.177407\ln(AEXP)$

(4.01)*　(−1.60)　(−2.59)**　(5.76)*

(4) $\ln(NAGEMPLY) = 0.027183\ln(NAWAGE) + 0.016013\ln(NAK) + 0.008809\ln(SCHY) - 0.03511\ln(AGDPPC(-1)) + 0.412038$

(1.30)　(1.42)　(2.96)**　(−1.83)***

$\ln(UGDPPC(-1)) - 4.088704\ln(LOST) + 1.077746\ln(AIMP) + 2.857006\ln(AEXP)$

(2.87)**　(−3.95)*　(2.78)**　(2.84)**

(5) $\ln(INEQ) = 0.257909\ln(NAGDPB) + 0.026079\ln(NAK) + 2.053826\ln(NCPI/UCPI) + 0.365514\ln(ATPOP) - 0.028612\ln(AIMP) -$

(9.69)*　(1.21)　(1.64)***　(2.16)**　(−3.75)**

$0.075386\ln(AEXP) - 0.025675\ln(LOST)$

(−5.86)*　(−1.38)

续表

(6) ln (IRR) =	0.123744ln (IRRE)	+0.063590ln (IRRE (−1))	+0.053974ln (IRRE (−2))	+0.169409ln (IRRE (−3))
	(5.21)*	(2.05)**	(1.60)	(6.04)*
(7) ln (SCHY) =	0.060296ln (SCHYE)	+0.044762ln (SCHY E (−1))	+0.071990ln (SCHY E (−2))	
	(5.54)*	(3.22)*	(5.84)*	
(8) ln (ALIG) =	0.12166ln (ALIGE)	+0.1077ln (ALIGE (−1))	+0.0449ln (ALIGE (−2))	+0.1089ln (ALIGE (−3))
	(2.57)**	(2.17)**	(1.19)	(2.71)**
(9) ln (ATPOP) =	0.019356ln (AGDPPC)	+0.378043ln (AGDPPCN)	+0.040156ln (UGDPPC)	
	(1.66)	(9.01)*	(3.93)*	

注：*、**、*** 分别表示 t 值在 1%、5%、10% 的水平下显著异于零。

业方程中的估计系数表明，无论是农产品出口还是农产品进口，都对农村劳动力非农工资的提高和非农就业的增长有正向效果。

农业生产函数方程中人均农业资本拥有量、农村教育、农业科研、农村电力、农业水利等农业资本投入变量的估计系数显著为正。其中，农村教育和农村人均资本拥有量的产出弹性值很高，说明人力资本和物质资本的投入对农业生产率提高的效果最明显；同时，加强农业科研与推广，强化农村电力和水利建设，提高农业机械化水平对提高农业生产率的作用也较为明显。农业生产环境的改善（除涝和盐碱治理等）有利于提高生产率水平；而自然灾害（水土流失和成灾等）则对农业生产率起到一定的抑制作用，从而影响农村减贫。

（三）边际效应

表 3　2000～2009 年全国分区域的考察变量减贫弹性值

	全国	排序	东部	排序	中部	排序	西部	排序
农产品进口的减贫弹性	-0.05	负值	-0.06	负值	-0.15	负值	-0.02	负值
农产品出口的减贫弹性	1.03	2	0.38	4	2.12	1	0.59	3
农村通货膨胀的减贫弹性	0.14	6	不显著		不显著		不显著	
国内贸易条件的减贫弹性	1.4	1	2.65	1	0.71	2	0.66	2
农村教育投入的减贫弹性	0.64	4	0.44	2	0.53	4	0.81	4
农村拥有农业资本量的减贫弹性	0.66	3	0.49	3	0.52	3	0.74	1
农业科研的减贫弹性	0.01	11	0.01	8	0.02	10	0.001	11
农村水利投入的减贫弹性	0.09	8	0.001	11	0.001	11	0.21	6
农村电力投入的减贫弹性	0.01	11	0.01	9	0.01	9	0.02	10
农村环境治理的减贫弹性	0.02	10	0.04	7	0.08	6	0.06	7
自然灾害的减贫弹性	-0.05	负值	-0.04	负值	-0.17	负值	-0.05	负值
农村非农工资和就业的减贫弹性	0.1	7	0.07	6	0.06	8	0.06	8
农村非农资本的减贫弹性	0.03	9	0.01	10	0.07	7	0.03	9
城镇收入增长的减贫弹性	0.25	5	0.31	5	0.34	5	0.38	5
城乡产值收入差距的减贫弹性	-0.24	负值	-0.25	负值	-0.12	负值	-0.51	负值
城乡资本拥有量差距的减贫弹性	-0.02	负值	-0.02	负值	-0.07	负值	-0.07	负值

通过对联立方程中的等式的内生变量和外生变量求微分，可以得到贸易自由化、经济增长、非农工资和就业、政府财政支农支出等因素的农村减贫弹性，从而可以对各个因素的减贫效果做比较。在对联立方程中各个变量求微分时，应区分内生变量和外生变量边际效应的差异性：各内生变量在相互作用下边际效应具有联动性，外生变量则不具有此性质。利用全国和东、中、西三个区域的回归方程可以求得各变量对农村减贫的边际影响，计算结果见表3。

从区域回归结果来看，东部地区贸易条件的农村减贫效应最大，高于全国水平；贸易自由化对东部农村减贫效果的影响远高于对中西部地区的影响；东部农户在分享贸易自由化的成果中获得了更多的福利。东部地区和中部地区农村劳动力非农就业比重也较高，非农收入成为农户收入的重要来源和提高收入的主要途径。城乡收入差距对西部农村减贫的影响更为突出，而西部地区教育投入的减贫弹性值高于全国水平，加大中西部地区的农村教育投入，提高中西部地区的人力资本水平，对中西部地区农村减贫意义重大。西部地区农业科研投入的减贫效应较低，农业发展仍以传统农业为主，对农业科研依赖程度低；水利投入对西部农村的减贫作用明显，由于西部地区水资源匮乏，水利投入能够促进农业产出快速增长和农村贫困缓解；西部地区的财政支农投入具有较高的减贫弹性值，也反映出加强西部农村基础设施建设对西部减贫的重要性。乡村环境治理上，中部地区具有较高的减贫弹性值，表明中部地区农村贫困受生态环境和自然灾害的影响较大，应加强中西部农业防灾减灾体系建设。

五　结论与政策含义

总体上，中国奉行的贸易自由化政策促进了农业贸易和农业生产率的提高，客观上提高了农民收入，创造了农村劳动力的非农就业机会，进而缓解了农村贫困。从贸易结构上看，不同类型农业生产者的福利水平差异体现在，贸易自由化更有利于东部沿海外向型的种植业者，而对中西部以粮食为主的种植业者不利。农业贸易自由化拉大了区域间的农村收入差距，一定程度上影响了中西部地区农村减贫的可持续性。财政支农投入对农村经济增长和农村减贫的影响表现为：农村教育（人力资本）是提高农户收入和缓解农村贫困的最重要因素；水利设施建设，特别是西部水利建设，对农业生产和农村减贫有较大影响；农业科研投入不足，利用效率低，严重影响农业生产和和西部农村贫困的缓解。农村环境治理和自然灾害的防治，不仅影响目前农村减贫，更会对农村的可持续发展产生深远影响。

针对以上结论，我们提出以下政策建议：市场是农村减贫的核心动力，政府应逐步完善市场经济制度、开放农产品市场和促进农户市场参与并注重对农户市场交易地位的保护；政府还应着力于缩小贸易导致的不同地区和不同产品生产者之间利益分配的不均，使贫困农户也能享受到贸易自由化带来的好处。缩小城乡收入差距和促进收入分配的公平合理也是政府在市场“失灵”中的重要职能；政府通过加大对贫困地区的公共投入和财政转移支付，特别是对西部贫困地区的教育、水利、科研等基础性事业的投入，可以确保农村减贫的持续性。针对残障、疾病和行为能力不足等特定贫困群体，政府应加大财政转移支付力度，特别是积极推进农村弱势群体救助制度和农村医疗保障制度的完善，提高补偿额度和对弱势群体的瞄准精度，进而增强农户自身的抗风险能力。政府还应高度重视乡村环境的治理和农业防灾减灾体系的建设，以确保避免脱贫农户因灾返贫或陷入环境贫困的现象。

参考文献

[1] 陈绍华、王燕：《中国经济的增长和贫困的减少——1990～1999年趋势研究》，《财经研究》2001年第9期。

[2] 郭熙保、罗知：《贸易自由化、经济增长与减轻贫困——基于中国省际数

据的经验研究》，《管理世界》2008 年第 12 期。

[3] 洪秋妹、常向阳：《我国农村居民疾病与贫困的相互作用分析》，《农业经济问题》2010 年第 4 期。

[4] 胡鞍钢：《中国经济增长与减轻贫困（1978～2004）》，《清华大学学报（哲学社会科学版）》2006 年第 5 期。

[5] 胡兵、胡宝娣、赖景生：《经济增长、收入分配对农村贫困变动的影响》，《财经研究》2005 年第 8 期。

[6] 林伯强：《中国的经济增长、贫困减少与政策选择》，《经济研究》2003 年第 12 期。

[7] 林伯强：《中国的政府公共支出与减贫政策》，《经济研究》2005 年第 1 期。

[8] 万广华、张茵：《收入增长与不平等对我国贫困的影响》，《经济研究》2006 年第 6 期。

[9] Agenor, Pierre – Richard and Joshua Aizenman, 1996, "Trade Liberalization and Unemployment", *Journal of International Trade and Development*, 9 (5): 265 – 86.

[10] Barrett, C. B. and Dorosh, P. A, 1996, "Farmers' Welfare and Changing Food Prices: Non-parametric Evidence from Rice in Madagascar", *American Journal of Agricultural Economics*, 7 (8): 656 – 669.

[11] Beyer, Harald, Patricio Rohas and Rodrigo Vergara, 1999, "Trade Liberalization and Wage Inequality", *Journal of Development Economics*, 6 (59): 103 – 23.

[12] Chang, R, Kaltani, L, Loayza, 2005, "Openness can be Good for Growth: the Role of Policy Complementarities", World Bank Policy Research Working Paper No. 11787.

[13] Chen, S. and M. Ravallion, 1996, "Data in Transition: Assessing Rural Living Standards in Southern China", *China Economic Review*, 7 (1): 23 – 55.

[14] Dollar, David and Aart Kraay, 2002, "Growth Is Good for the Poor", *J. Econ Growth* (US), 7 (3): 195 – 225.

[15] Dollar, David and Aart Kraay, 2001, "Trade, Growth, and Poverty", World Bank Policy Research Working Paper No. 2615.

[16] Ebrill, Liam, Janet Stotsky and Reint Gropp, 1999, "Revenue Implications of Trade Liberalization", Occasional Paper 42, IMF, Washington DC.

[17] Edwards, Sebastian and Alejandro Cox Edwards, 1996, "Trade Liberalization and Unemployment: Policy Issues and Evidence from Chile", *Cuadernos Econ.* (33): 227 - 50.

[18] Edwards, Sebastian, 1998, "Terms of Trade, Tariffs, and Labor Market Adjustment in Developing Countries", *World Bank Econ*, 2 (2): 165 - 85.

[19] Fan Shenggen, Zhang Linxiu and Zhang Xiaobo, 2002, "Growth, Inequality, and Poverty in Rural China: The Role of Public Investments", Research Report 125, Washington, D. C.: International Food Policy Research Institute.

[20] Glenday, Graham, 2000, "Trade Liberalization and Customs Revenues: Does Trade Liberalization Lead to Lower Customs Revenues? The Case of Kenya", African Econ, Policy Discuss Paper 44, JFK School Govt., Harvard U.

[21] Grossman, Gene M. and Elhanan Helpman, 1999, *Innovation and Growth in the Global Economy*, Cambridge, MA and London: MIT Press.

[22] Hertel, T. W., M. Ivanic, P. V. Preckel and J. A. L. Cranfield, 2004, "The Earnings Effects of Multilateral Trade Liberalization: Implications for Poverty", *World Bank Economic Review*, (18): 25 - 36.

[23] Irwin, Douglas A. and Marko Tervio, 2002, "Does Trade Raise Income? Evidence from the Twentieth Century", *Journal of International Economics*, 10 (58): 1 - 18.

[24] Jones, Charles I., 2001, "Comment on 'Trade Policy and Economic Growth: A Skeptic's Guide to the Cross-National Evidence' by Francisco Rodriguez and Dani Rodrik", In *Macroeconomics Annual 2000.* Ben Bernanke and Kenneth S. Rogoff, eds. MIT Press for NBER: Cambridge, MA.

[25] Killick, Tony, 1995, "Structural Adjustment and Poverty Alleviation: An Interpretative Survey", *Devel. Change*, (26): 305 - 31.

[26] Klenow, Peter J. and Andres Rodriguez, 1997, "Quantifying Variety Gains from Trade Liberalization", Unpublished, Graduate School of Business, University of Chicago.

[27] Levinsohn, J. , S. Berry and J. Friedman, 1999, "Impacts of the Indonesian Economic Crisis: Price Changes and the Poor", NBER Working Paper No. 7194.

[28] Lucas, Robert E. , 1988, "The Mechanics of Economic Development", *J. Monet. Econ*, (22): 3-42.

[29] Matsuyanm, Kiminori, 1992, "Agricultural Productivity, Corporative Advantage and Economic Growth", *Journal of Economic Theory*, 12 (58): 317-34.

[30] Mellor, John and Sarah Gavian, 1999, The Determinants of Employment Growth In Egypt—The Dominant Role of Agriculture and the Rural Small Scale Sector, mimeo, Abt Assoc. , Cambridge, MA.

[31] Milner, Chris and Peter Wright, 1998, "Modeling Labor Market Adjustment to Trade Liberalization in an Industrializing Economy", *Econ*, *J.* (108): 509-28.

[32] Pritchett, Lant and Geeta Sethi, 1994, "Tariff Rates, Tariff Revenue and Tariff Reform: Some New Facts", *World Bank Econ. Rev.* (8): 1-16.

[33] Ravallion, Martin, 1999, On Protecting the Poor from Fiscal Contractions, mimeo Washington DC, World Bank Devel, Research Group, and U. Sciences Socials, ARQADE, Toulouse.

[34] Ravallion, Martin, 1995, Growth and Poverty: Evidence for Developing Countries in the 1980s', *Econ. Letters*, (48): 11-17.

[35] Rodriguez, Francisco and Dani Rodrik, 2001, Trade Policy and Economic Growth: A Skeptic's Guide to the Cross-National Evidence, *NBER Macroeconomics Annual* 2000. Cambridge, MA: MIT Press.

[36] Romer, Paul, 1994, "New Goods, Old Theory and the Welfare Cost of Trade Restrictions", *J. Devel. Econ*, (43): 5-38.

[37] White, Howard and Edward Anderson, 2001, "Growth versus Distribution: Does the Pattern of Growth Matter?" *Devel. Policy Rev.* 19 (3): 267-89.

[38] White, Howard, 1997, Poverty and Adjustment in Sub-Saharan Africa: A Review of the Literature, The Hague: Institute of Social Studies.

[39] World Bank, 2002, *Globalization*, *Growth and Poverty*, the World Bank, Washington DC.

The Relationship Analysis between Rural Poverty Reduction and Agricultural Trade Liberalization and Financial Investment

Qin Jianjun

Abstract: This article investigates the relationship between trade liberalization and rural poverty reduction in theory, and then analyzes the relationship between rural poverty reduction and agricultural trade liberalization and financial investment through building up a simultaneous equations model and using the GMM estimation. The results showed that: agricultural trade liberalization has promoted the agricultural productivity, raised the farmers' non-farm employment rate and non-agricultural wage level and alleviated rural poverty. Agricultural products export is more conducive to rural poverty reduction in the agricultural trade. The agricultural financial investment is an important factor to promote the rural economic growth and narrow the gap between urban and rural areas and reduce rural poverty. Regional comparison shows that: the western households are laying a disadvantage level in the agricultural trade liberalization; it will have a significant poverty reduction effect to increase education and irrigation investment in western poor regions.

Key Words: Trade Liberalization; Financial Investment; Poverty Reduction

JEL Classification: J01, J60

控股类型、垄断程度与薪酬—绩效敏感度

——对高管薪酬不对称性和粘性的检验

李晓创*

摘　要　本文通过区分企业绩效的正与负、上升与下降，分析了我国高管薪酬—绩效敏感度的不对称性和粘性特征。实证结果显示，企业获得正绩效时，高管薪酬与企业绩效关联紧密，企业获得负绩效时，高管薪酬与企业绩效挂钩程度减弱；绩效提升时，薪酬—绩效灵敏度增强，绩效下降时，薪酬绩效灵敏度下降。进一步的分析表明，国有控股企业、保护性行业高管薪酬的不对称性和粘性显著高于民营企业和竞争性行业。其内在的逻辑是，企业的市场地位（如控股类型和垄断程度）决定了其治理结构，并通过管理层权力影响薪酬绩效敏感度，从而导致了粘性和不对称性。本文的分析为市场化改革提供了参考，国有企业改制、打破行政垄断仍应作为改革的重点有序推进。

* 李晓创（1985～），男，中国社会科学院研究生院博士研究生，研究方向为劳动经济学、发展经济学。联系电话：18910728728；电子邮箱：pieroship@ hotmail. com；通信地址：北京市房山区良乡高教园区 中国社会科学院研究生院 102488。

关键词 薪酬—绩效敏感度；不对称性；粘性

一 引言

薪酬是劳动经济学研究的核心内容；经理人市场是劳动力市场的重要组成部分。中国经济转型的浪潮促进了劳动力市场的发育，而经理人市场也随着竞争激烈程度的增加而逐渐形成。从国有企业改制到民营经济的繁荣，中国经济的高速增长和市场化进程的深入带来了企业治理结构的逐步改善。与此同时，高额的报酬水平和较快的增长速度，使高管薪酬成为社会热议的话题，千万年薪与零年薪并存的现象背后，暴露出管理层权力过大、薪酬与绩效挂钩随意性太强的问题。

高管薪酬对企业绩效的敏感度，是反映企业治理结构的关键要素，也是高管薪酬激励的主要手段。Murphy（1999）指出，企业绩效之所以对薪酬的设定起作用，是因为要解决委托代理问题就必须将高管薪酬与企业绩效挂钩，由此形成一揽子薪酬激励计划。自从现代企业制度建立以来，大量文献探讨了发达国家的高管薪酬与企业绩效的关系；近年来，越来越多的研究从制度环境的特殊性入手，研究新兴市场国家高管薪酬—绩效敏感度的特征。

虽然已有大量实证研究估算出了薪酬绩效敏感度的大小，但薪酬与绩效的关联并非固定的常数，而是随具体条件发生变化的。企业亏损与盈利时，高管薪酬对企业绩效的挂钩程度可能各不相同，随着企业绩效的提升与下降，高管薪酬的增减幅度也会发生变化。事实上，在市场上处于不同竞争地位的企业，高管薪酬设计也表现出不同的特点。国有性质更强、垄断地位更高的企业，高管薪酬对企业绩效的关联程度往往更不稳定。

围绕高管薪酬对企业绩效的挂钩程度，本文的组织如下：第二部分沿着这样的思路，即薪酬绩效敏感度的存在性、动态特征以及该特征的成因，综述现有的研究成果，提出薪酬绩效敏感度的不对称性和粘性特征与企业的控股类型和垄断程度有关；第三部分对数据、变量和模型进行说明；第四部分进行实证分析，首先估计正负绩效对高管薪酬的不同影响，然后估计绩效上升和下降对高管薪酬的不同作用，进而，对国有企业、保护性行业进行检验，探索不对称性和粘性产生的原因；最后是对全文的总结和进一步的讨论。

二　文献综述

（一）高管薪酬对企业绩效的敏感度

薪酬对高管的激励是通过将薪酬与企业绩效指标挂钩实现的。关于薪酬绩效敏感度，已有大量的理论探讨和实证研究，早期的研究认为我国的高管薪酬还没有与企业绩效建立统计上显著的联系（魏刚，2000；杨汉明，2004）；但随后大多数研究都得出了高管薪酬与企业绩效具有正相关关系的结论（Agrawal et al，1991；Lewellen et al，1992；Kato et al，2004；杜胜利等，2005；李江波等，2009）。进一步聚焦我国经理人市场高管薪酬制度的变迁，辛清泉等（2009）、陈震等（2011）发现市场化进程增强了国有企业薪酬绩效的挂钩程度，推动了公司治理结构的动态改善。

（二）薪酬绩效敏感度的动态特征

薪酬与绩效的挂钩程度不是固定的常数，而是因绩效区间的不同而有所差异的。Canarella & Nourayi（2008）用 594 家美国公司 1997 ~ 2002 年的数据分段估计了薪酬绩效敏感度的斜率，得到薪酬对正负绩效反应的不对称性特征。该研究表明，高管薪酬与股票收益率之间呈现凸形关系，与财务绩效之间呈现凹形关系；即糟糕的股票收益率将使 CEO 遭受严厉处罚，优异的市场回报率只带来平平的奖励；正的财务绩效给 CEO 带来丰厚的回报，负的财务绩效也不至于使 CEO 遭到惩罚。

从动态视角考察薪酬绩效的不对称性，就会发现绩效增加和减少时，薪酬对绩效的挂钩程度是不同的。Jackson et al（2008）发现高管薪酬随企业绩效的调整存在粘性特征——企业绩效下降时高管薪酬的边际减少量小于企业绩效提升时薪酬的边际增长量。Gaver & Gaver（1998）的研究表明，美国上市公司高管薪酬存在粘性特征，企业绩效提升时 CEO 获得了高额的奖金，而绩效下滑时却没有受到任何惩罚。

方军雄（2009）分析了 2001～2007 年上市公司的数据，证实了高管薪酬粘性的存在；民营企业高管薪酬粘性较小，地方控股的国有企业薪酬粘性较大，治理结构的改善，如董事会独立性的提高等，有助于降低薪酬粘性。洪峰（2010）、高文亮等（2011）认为薪酬粘性的大小与管理层权力有关，无论是薪酬水平还是薪酬粘性，管理层权力型企业都显著高于非管理层权力型企业。

（三）企业类型与薪酬绩效敏感度

控股类型、企业规模对薪酬绩效敏感度有较强的影响。Jensen & Murphy（1990）认为大公司所采取的薪酬体系常常弱化薪酬与绩效的相关度。Cichello（2005）发现当用总资产、销售额或雇员数量作为企业规模的代理变量时，股票收益率对薪酬的关联有所弱化。Rehbein & Kathleen（2007）的研究显示，国有企业的高管薪酬与企业经营绩效不相关，私营企业的高管薪酬与股票市场的业绩正相关；此外，销售额的增加对薪酬提高有明显的推动作用。Firth et al（2006）采用中国沪深两市 549 家上市公司三年的数据研究了控股类型对薪酬—绩效相关度的影响。中央控股企业通常不采用绩效工资，民营企业或地方政府控股企业的高管薪酬则与股东的收益挂钩。魏明海等（2004）认为不同控股类型的企业高管薪酬绩效关系有差异，政府控股的上市公司高管薪酬主要与净利润相关，而其他类型上市公司的高管薪酬既受净利润的影响，又与股市绩效相关。

（四）对现有文献的评述

现有研究通过实证数据检验了薪酬对绩效挂钩的显著性，但在薪酬绩效灵敏度的动态调整方面少有涉足。除了 Canarella & Nourayi（2008）和 Boschen & Smith（1995）以外，很少有研究涉及高管薪酬与企业绩效的非对称性；除了 Gaver & Gaver（1998）、Jackson et al（2008）和方军雄（2009）以外，也很少有研究区分业绩上涨和下跌的不同情况分析薪酬绩效灵敏度的变化。

我国上市公司的薪酬激励从无到有、从单一到多样，经历了一个动态的发展历程。可是，许多研究采用的是截面数据，忽略了时间的作用，无法涵盖薪酬制度的动态变迁；仅采用截面数据用 OLS 回归，无法识别企业间不随时间变化而又不可观测的异质性，会导致估计结果的偏差。本文采用面板数据的固定效应模型，控制企业间的异质性，同时消除了遗漏变量的影响，对薪酬绩效半弹性的估计更为准确。在模型设定方面，由于公司盈利和亏损、绩效上升和下降时薪酬绩效敏感性各不相同，本文区分绩效的正负、升降，对薪酬绩效的不对称性和粘性做出了估计。

三　数据与模型

（一）数据来源与变量选取

本文的数据取自国泰安中国股票市场研究数据库（CSMAR）。上市公司财务指标从 CSMAR 的《中国上市公司财务报表数据库》中提取，高管薪酬、公司治理结构、企业基本特征等信息从 CSMAR 的《中国上市公司治理结构研究数据库》和《中国股票市场交易数据库》中整理而来；其中，财务数据以年末值代表该年的数值。实证分析的样本为沪深沪两市 A 股的全部上市公司，时间跨度为 1999 ~ 2009 年。考虑到 ST 和 ＊ST 股的特殊性，将其从样本中剔除；对于薪酬小于零或大于千万元的个别奇异值，将其排除在样本之外。

围绕高管薪酬—绩效敏感度，被解释变量取高管薪酬的自然对数，解释变量包括企业绩效、治理结构、企业基本特征。企业绩效指标选取主营业务利润率（*ROS*），该指标能够较好地反映企业的经营状况和真实业绩。与其他绩效指标（如 *ROA*、*ROE*）相比，主营业务利润额和主营业务收入总额不易受到人为操纵和篡改，数据的真实性更有保证（Firth etc，2006）。治理结构变量包括高管持股比例、国有股比例、独立董事比例、CEO 是否兼任、是否设立薪酬委员会、股权制衡度（赫芬达尔指数）等。企业基本特征包括资本密集度、高管团队规模、上市年数、资产负债率等。

表 1　主要变量一览

		变量名	符号	定义
	薪酬	高管薪酬	ln*APAY*	前三位高管平均年薪的自然对数
解释变量	绩效	主营业务利润率	*ROS*	营业利润/营业收入
	治理结构	高管持股比例	*excuhldr*	高管持股数/总股本数
		国有股比例	*rshrsta*	国有股股数/总股本数
		赫芬达尔指数	*HH*10	前十大股东持股比例的平方和
		独立董事比例	*diroutr*	独立董事人数/董事会总人数
		设立薪酬委员会	*rc*	设立薪酬委员会取 1，否则取 0
		CEO 是否兼任	*directceo*	董事长兼任 CEO 取 1，否则取 0
	基本特征	资产负债率	*lev*	负债总额/资产总额
		资本密集度	Ln(*K*/*L*)	（资产总额/员工人数）的自然对数
		高管团队规模	*excusize*	高管团队人数
		上市年数	*listperiod*	公司上市的年数

（二）模型设定

面板数据的优势在于，能够控制个体间（不仅仅是行业间）不随时间变化的异质性，从而解决内生性问题。个体间异质性如果与解释变量不相关，那么在大样本下 OLS 估计仍然具有一致性，这时可以采用随机效应模型或混合回归；但如果与解释变量相关，采用 OLS 估计的参数将失去一致性，这时应该采用固定效应模型。上市公司的样本并不是按地区和行业随机抽取的，无法认定随机扰动项与解释变量之间不相关；而且，Hausman 检验结果拒绝了随机效应模型；因此本文建立固定效应模型，区分正负绩效，对薪酬绩效敏感度进行估计。

1. 薪酬绩效不对称性

$$\ln(APAY)_{it} = \alpha + \beta_1(pos \times PERF)_{it} + \beta_2(neg \times PERF)_{it} + \gamma CHAR_{it} + \lambda GOV_{it} + \mu_{it} \tag{1}$$

APAY 代表高管薪酬，取薪酬最高的前三位高管的平均年薪。*PERF* 代表公司绩效，用主营业务利润率 *ROS* 表示。*pos* 和 *neg* 是代表企业绩效大于零或小于零的哑变量。当企业绩效为正时，*pos* 取 1，否则取 0。当企业绩效为负时，*neg* 取 1，否则取 0。这样，交叉项 $pos \times PERF$ 和 $neg \times PERF$ 分别表示大于零的绩效和小于零的绩效，β_1 和 β_2 分别表示薪酬对正绩效的半弹性和薪酬对负绩效的半弹性。

CHAR 是公司特征的一系列指标，包括资本密集度、上市年数、资产负债率、高管团队规模等；*GOV* 是表示公司治理结构的一组指标，包括独立董事比例、高管持股比例、国有股比例、赫芬达尔指数、CEO 是否兼任、是否设立薪酬委员会等。

2. 薪酬粘性

为测试绩效提升和绩效下降对高管薪酬的不同影响、检验高管薪酬的粘性特征，本文沿用方军雄（2009）的方法，引入哑变量区分薪酬的上升与下降，构建如下模型：

$$\ln(APAY)_{it} = \alpha + \beta_1 PERF_{it} + \beta_2 (PERF \times det)_{it} + \beta_3 det_{it} + \gamma CHAR_{it} + \lambda GOV_{it} + \mu_{it} \tag{2}$$

其中，*det* 是用来标识绩效下降的哑变量，当企业绩效下降时，*det* 取 1，当企业绩效上升时，*det* 取 0；交叉项 $PERF \times det$ 表示业绩下降时的企业绩效。β_1 表示绩效上升时薪酬对绩效的半弹性，$\beta_1 + \beta_2$ 表示绩效下降时薪酬对绩效的半弹性。*CHAR* 和 *GOV* 的含义与上文相同。

（三）研究假设

1. 薪酬绩效敏感性存在正负绩效的非对称性。当企业盈利时，高管薪酬对企业绩效的挂钩程度增强，当企业亏损时，高管薪酬对企业绩效的挂钩程度减弱。

2. 高管薪酬对企业绩效的反应具有粘性特征。当企业绩效提升时，高管薪酬与企业绩效的关联度加大，当企业绩效下降时，高管薪酬与企业绩效的关联度降低。

3. 薪酬绩效敏感度的不对称性和粘性特征受控股类型和垄断程度的影响。国有企业、垄断程度高的企业，薪酬绩效不对称性及粘性特征更突出。

四　实证分析

（一）描述性统计

主要变量的统计描述由表 2 列示。1999 ~ 2009 年，我国上市公司高管平均年薪为 26.95 万元。主营业务利润率有正有负，平均值为 9%。资本密集度的均值是 367.75 万元。上市年数平均值为 6.29 年，最多为 19 年。高管团队的规模平均 6 人，最大为 45 人。

表 2 主要变量的均值

变量	符号	样本量	均值	标准差	最小值	最大值
高管薪酬	*apayexcu*	11121	269524	378465	0	8593333
主营业务利润率	*ROS*	9801	0.09	0.16	-0.99	0.95
资本密集度	*K/L*	10324	367.75	1790.28	0.70	54169.33
上市年数	*listperiod*	12345	6.29	4.19	0.00	19.00
资本负债率	*lev*	10428	0.58	8.63	0.01	877.26
国有股比例	*rshrsta*	12259	0.30	0.26	0.00	1.00
独立董事比例	*diroutr*	12216	0.28	0.14	0.00	0.73
高管持股比例	*excuhldr*	12032	0.01	0.05	0.00	0.92
赫芬达尔指数	*HH*10	12401	0.21	0.14	0.00	0.98
设立薪酬委员会	*rc*	12401	0.56	0.50	0.00	1.00
两职兼任	*directceo*	12244	0.86	0.35	0.00	1.00
高管团队规模	*excusize*	12206	6.18	2.33	0.00	45.00

（二）高管薪酬—绩效不对称性

基于薪酬绩效不对称性模型，对高管薪酬绩效敏感度的估计结果由表 3 列出。回归结果与预期一致——盈利时的薪酬绩效敏感度大于亏损时。企业绩效大于零时，薪酬绩效半弹性为 0.697，企业绩效小于零时，薪酬绩效半弹性为 0.228；盈利状态下的薪酬绩效半弹性是亏损状态下的三倍。这意味着，在企业盈利的情况下，当期的主营业务利润率每提高（或下降）0.1%，高管薪酬就能增长（或降低）0.0697%；而当企业绩效为负时，当期主营业务利润率每提高（或下降）0.1%，高管薪酬只增长（或下降）0.0228%。即企业盈利时高层管理人员受到的奖励，大于企业亏损时他们受到的惩罚。这与 Canarella & Nourayi（2008）用美国 455 家上市公司 1996 ~ 2002 年的数据所得的结论一致。

表 3　薪酬绩效敏感度的不对称性

变量	全样本	控股类型		垄断程度	
		国有控股	非国有控股	保护性行业	竞争性行业
正绩效	0.697 *** (8.28)	0.931 *** (8.84)	0.044 (0.3)	0.943 *** (5.03)	0.651 *** (6.9)
负绩效	0.228 *** (3.2)	0.229 ** (2.54)	0.281 ** (2.35)	0.127 (0.73)	0.254 *** (3.24)
资本密集度	0.062 *** (5.51)	0.064 *** (4.46)	-0.001 (-0.04)	0.045 * (1.71)	0.058 *** (4.62)
上市年数	0.157 *** (34.66)	0.171 *** (30.28)	0.127 (15.47)	0.201 *** (18.22)	0.148 *** (29.72)
资产负债率	-0.045 (-1.37)	0.092 (1.49)	-0.084 (-2.13)	-0.046 (-1.02)	-0.057 (-1.08)
国有股比例	0.013 (0.27)	0.025 (0.25)	-0.006 (-0.05)	-0.109 (-0.94)	0.036 (0.69)
独立董事比例	0.761 *** (11.05)	0.739 *** (8.97)	0.615 *** (4.71)	0.684 *** (4.05)	0.778 *** (10.38)
高管持股比例	0.31 (0.76)	-5.564 ** (-2.06)	0.25 (0.6)	-0.646 (-0.47)	0.382 (0.9)
股权集中度	-0.171 (1.63)	0.032 (0.22)	-0.095 (-0.47)	-0.005 (-0.02)	-0.244 ** (-2.09)
薪酬委员会	0.089 *** (4.82)	0.082 *** (3.73)	0.108 *** (3.23)	0.055 (1.2)	0.097 *** (4.84)
两职合一	0.006 (0.28)	0.025 (0.80)	-0.046 (-1.23)	0.192 *** (2.97)	-0.012 (-0.49)
高管团队规模	0.036 *** (9.08)	0.036 *** (7.47)	0.036 *** (4.65)	0.033 *** (3.19)	0.036 *** (8.32)
常数项	9.972 *** (105.91)	9.668 *** (76.15)	10.837 *** (64.12)	9.498 *** (36.53)	10.078 *** (99.07)
样本量	7796	5159	2637	1495	6301
组内 R^2	0.5504	0.5927	0.3761	0.5905	0.5428
组间 R^2	0.0014	0.0563	0.009	0.0001	0.003
总体 R^2	0.1663	0.2157	0.0585	0.1713	0.1673

注：***、** 和 * 分别表示在 1%、5% 和 10% 的置信水平上显著，括号内为 t 值。

薪酬对绩效的挂钩程度之所以不同，其原因在于高层管理者往往能够通过自己掌握的资源，及其对企业的实际控制力，干预薪酬的制定和发放（卢锐，2008；洪峰，2010）。为识别高管薪酬绩效不对称性背后的企业性质因素，本文根据控股类型和行业的垄断程度对上市公司分组，分别检验国有企业和垄断性企业的薪酬绩效不对称性是否更强。通常来讲，国有企业、垄断程度高的企业，管理层权力也较大，高管薪酬会表现出较强的不对称性；非国有企业、竞争性强的行业，管理层权力较小，高管薪酬的不对称特征也会较弱。另外，国有控股企业的多任务特征使其难以专注于企业绩效，因此业绩的下降不会造成对高管及管理人员的严重惩罚。

保护性行业由于进入门槛较高，一时的业绩下降不会导致其垄断地位的动摇，因此也缺乏足够的激励扭转业绩下滑的局面。参照高明华等（2009）和辛清泉等（2009）的研究，根据垄断程度，上市公司可分为保护性行业和竞争性行业；保护性行业包括采矿业、金属非金属矿物业、电力燃气及水供应行业、金融业和社会服务业，其他行业为竞争性行业。

表3第三、四列表明，国有企业表现出更强的薪酬绩效非对称特征。在企业绩效为正的情况下，国有企业的薪酬绩效半弹性为0.931；企业绩效为负时，薪酬绩效半弹性为0.229（且显著水平由1%的置信度减弱到5%）；前者是后者的4.07倍（高于全样本时的3.06倍）。这表明，在盈利条件下，国有企业对高管的奖赏力度高于全体上市公司的平均水平，而亏损情况下，国有企业高管薪酬对企业绩效的挂钩程度有所松动。与之形成鲜明对照的是，在绩效为正时，非国有企业的薪酬绩效半弹性不显著；绩效为负时，在5%的置信水平上显著。这也反映了非国有企业处于激烈竞争中的生存状况——亏损时对高管严加责罚，盈利时却少有奖赏。这样的薪酬计划，给非国有企业的高管人员施加了扭亏为盈的压力和动力，但是一旦实现了盈利，则存在高管激励不足的问题。

保护性行业和竞争性行业的对比见表3第五、六列，绩效为正时，保护性行业的薪酬绩效半弹性为0.943，高于全样本的估计值；当绩效为负时，高管薪酬与绩效完全脱钩（统计上失去显著性）。这说明，保护性行业的上市公司在盈利时对高管激励过度，在亏损时则激励不足；

同时也反映出，该类企业的高管只享受盈利时的奖励不承担亏损时的惩罚。与之相比，竞争性行业虽然也存在薪酬绩效不对称性，但没有保护性行业那么突出。正绩效下，竞争性行业的薪酬绩效半弹性为 0.651，负绩效下为 0.254，前者是后者的 2.56 倍，低于全样本时的3.06 倍。

非对称性是薪酬绩效敏感度的一个静态特征，揭示了薪酬对绩效的挂钩程度因绩效正或负而存在的不同，但还无法描述薪酬是如何随着绩效的变动而调整的。为了进一步识别高管薪酬对企业绩效变动的反应灵敏度，下文由比较静态分析的视角转向动态分析的思路，区分绩效的上升与下降，观察薪酬随之调整的幅度有何不同。

（三）高管薪酬的粘性

基于薪酬粘性模型，区分绩效上升和下降的回归结果由表 4 展示，第二列为全样本，第三至六列是按照控股类型和垄断程度分组的子样本。在全样本下，绩效下降交叉项的系数显著为负，说明企业绩效下降时，薪酬绩效灵敏度随之减弱。企业绩效提高时，高管薪酬的增长率是绩效下降时其薪酬下调幅度的 1.32 倍（=0.605／（0.605－0.147））。这与方军雄（2009）用 2001～2007 年的数据、以净利润作为绩效估计出的 1.58 倍相似。

表 4 高管薪酬的粘性

变量	全样本	控股类型		垄断程度	
		国有控股	非国有控股	保护性行业	竞争性行业
企业绩效	0.605***	0.737***	0.186	0.849***	0.553***
	(8.70)	(8.25)	(1.56)	(5.49)	(7.03)
绩效下降交叉项	−0.147**	−0.197**	0.129	−0.363**	−0.097
	(−2.01)	(−2.26)	(0.96)	(−2.22)	(−1.18)
绩效下降哑变量	0.078***	0.068***	0.061**	0.138***	0.062***
	(5.84)	(4.22)	(2.51)	(4.00)	(4.30)
资本密集度	0.059***	0.063***	−0.003	0.045*	0.055***
	(5.21)	(4.38)	(−0.13)	(1.69)	(4.37)
上市年数	0.157***	0.170***	0.128***	0.197***	0.149***
	(34.78)	(30.17)	(15.58)	(17.85)	(29.88)

续表

变量	全样本	控股类型		垄断程度	
		国有控股	非国有控股	保护性行业	竞争性行业
资产负债率	-0.044	0.10	-0.083 **	-0.054	-0.046
	(-1.33)	(1.61)	(-2.10)	(-1.21)	(-0.88)
国有股比例	-0.003	0.000	-0.003	-0.139	0.024
	(-0.07)	(0.00)	(-0.03)	(-1.20)	(0.45)
独立董事比例	0.747 ***	0.723 ***	0.633 ***	0.700 ***	0.759 ***
	(10.9)	(8.79)	(4.90)	(4.15)	(10.18)
高管持股比例	0.347	-5.532 **	0.308	-0.819	0.431
	(0.85)	(-2.05)	(0.74)	(-0.60)	(1.02)
股权集中度	-0.164	0.042	-0.089	-0.008	-0.235 **
	(-1.57)	-0.29	(-0.44)	(-0.04)	(-2.02)
薪酬委员会	0.087 ***	0.080 ***	0.108 ***	0.059	0.094 ***
	(4.70)	(3.61)	(3.24)	(1.27)	(4.70)
两职合一	-0.002	0.018	-0.049	0.168 ***	-0.018
	(-0.07)	(0.58)	(-1.32)	(2.61)	(-0.73)
高管团队规模	0.035 ***	0.035 ***	0.034 ***	0.030 ***	0.035 ***
	-8.85	-7.35	-4.41	-2.88	-8.2
常数项	9.991 ***	9.686 ***	10.804 ***	9.600 ***	10.087 ***
	(106.53)	(76.18)	(64.50)	(37.44)	(99.35)
样本量	7796	5159	2637	1495	6301
组内 R^2	0.5518	0.5923	0.3797	0.593	0.5438
组间 R^2	0.0012	0.0585	0.009	0.001	0.0027
总体 R^2	0.1668	0.2181	0.0591	0.1673	0.1673

注：***、** 和 * 分别表示在 1%、5% 和 10% 的置信水平上显著，括号内为 t 值。

国有控股上市公司的高管薪酬，表现出了较强的粘性特征——业绩上升时薪酬绩效半弹性为 0.737，业绩下降时为 0.54（=0.737 - 0.197），前者是后者的 1.36 倍，略高于全样本时的 1.32 倍。保护性行业的高管薪酬，也显示出了很强的粘性特征——财务绩效上升时的薪酬绩效半弹性为 0.849，绩效下降时的薪酬绩效半弹性为 0.486（0.849 - 0.363），前者是后者的 1.75 倍，也高于全样本的平均水平。相比之下，竞争性行业的高管薪酬则不存在粘性。在绩效提升时，竞争性行业的薪酬绩效半弹性为 0.553，低于保护性行业；在绩效下降时，交叉项不显著，意味着竞争性行业的薪酬不存在粘性。

五 结论与讨论

本文实证检验了我国上市公司薪酬绩效敏感度的不对称性和粘性特征。当企业绩效大于零（即盈利）时，高管薪酬与企业绩效的挂钩程度非常高；当企业绩效小于零（即亏损）时，高管薪酬与企业绩效的挂钩程度很低。这就是薪酬绩效敏感度的不对称性，与 Canarella & Nourayi（2008）对美国上市公司的研究结论一致。不对称性体现了薪酬绩效敏感度的静态特征，其直接原因是薪酬随绩效的动态变化过程中存在粘性。当企业绩效上升时，高管薪酬对企业绩效的挂钩程度趋于紧密，当企业绩效下降时，高管薪酬对企业绩效的挂钩程度也随之降低。这与方军雄（2009）的实证结果一致。

与 Canarella & Nourayi（2008）和方军雄（2009）不同的是，（1）本文以主营业务利润率（*ROS*）作为企业绩效，缓解了因净利润等财务指标易于操纵而导致的数据失真问题；（2）在控制变量中，以资本密集度代替企业规模，避免了使用资产规模或销售规模来解释高管薪酬所造成的偏颇。另外，对比方军雄（2009）的方法，本文采用面板数据的固定效应模型，比仅用 OLS 回归得出的结论更可靠；对比 Canarella & Nourayi（2008）的数据，本文的样本量更大，时间跨度更长，具备更全面的解释力。在对实证结论的解释方面，Canarella & Nourayi（2008）侧重于对比不同企业绩效对薪酬影响的差异，但没有揭示出不对称性的形成原因；方军雄（2009）指出了企业控股性质和董事会独立性影响着高管薪酬的粘性程度，但没有将其提炼到同一个逻辑框架内进行分析。

为了识别薪酬绩效敏感度不对称性和粘性的形成原因，本文沿着“企业的市场地位→管理层权力→薪酬绩效敏感度”的逻辑，[①] 从不对

① 市场力量对企业治理结构动态变迁的推动、对管理层权力的约束作用，详见辛清泉、谭伟强《市场化改革、企业业绩与国有企业薪酬》，《经济研究》2009 年第 11 期。

称性和粘性现象追溯到企业控股类型以及垄断程度的差异。本文的实证结果表明，国有控股上市公司的不对称和粘性都强于民营上市公司，保护性行业的不对称性和粘性也都大于竞争性行业。不对称性的直接原因是薪酬的动态调整具有粘性，而薪酬粘性的存在，是管理层权力过大的体现——通过对企业的控制力，高管人员往往能够干预年终奖金的分配。管理层权力的大小，一方面是企业自身治理结构的结果，另一方面是该企业的市场地位及其所处竞争环境所带来的外部压力的体现。国有控股企业、保护性行业的薪酬不对称性和粘性都更为突出，反映了国有企业和保护性行业参与市场竞争的程度较弱，再加上多元化的经营目标和特殊历史条件下缺乏自生能力的特征，这类企业缺乏改善公司治理结构和薪酬体系的激励。我国的改革进入攻坚阶段，国有企业改制、破除垄断是难点也是重点。继续深化改革，逐渐取消对缺乏自生能力企业的行政扶持，将有利于营造更具活力的市场环境，也有助于企业自主改善治理结构、构建更公平合理的收入分配机制。

参考文献

[1] 陈震、李艳辉：《市场化进程、企业特征与高管薪酬业绩敏感性》，《财贸研究》2011年第6期。

[2] 方军雄：《我国上市公司高管的薪酬存在粘性吗》，《经济研究》2009年第3期。

[3] 杜胜利、翟艳玲：《总经理年度报酬决定因素的实证分析——以我国上市公司为例》，《管理世界》2005年第8期。

[4] 高明华等：《中国上市公司高管薪酬指数报告（2009）》，经济科学出版社，2010。

[5] 高文亮、罗宏、程培先：《管理层权力与高管薪酬粘性》，《经济经纬》2011年第6期。

[6] 洪峰：《管理层权力、治理结构与薪酬业绩敏感度》，《云南财经大学学报》2010年第5期。

[7] 李江波、赵俐佳：《高级管理层薪酬与公司绩效的实证研究——基于中小企业板公司2006~2008年面板数据分析》，《云南财经大学学报》2010年第2期。

[8] 卢锐：《管理层权力、薪酬激励与绩效——基于中国证券市场的理论与实证研究》，经济科学出版社，2008。

[9] 魏明海、卢锐：《管理层风险报酬的有效性分析》，《当代财经》2004年第3期。

[10] 魏刚：《高级管理层激励与上市公司经营绩效》，《经济研究》2000年第3期。

[11] 辛清泉、谭伟强：《市场化改革、企业业绩与国有企业薪酬》，《经济研究》2009年第11期。

[12] 杨汉明：《高管薪酬与上市公司绩效的实证分析》，《统计观察》2004年第12期。

[13] Agrawal A, Makhija AK, Mandelker GN. (1991) . Executive Compensation and Corporate Performance in Electric and Gas Utilities. *Financial Management*, Vol. 20, No. 4.

[14] Boschen JF Smith KJ (1995) . You Can Pay Me Now or You Can Pay Me Later: The Dynamic Response of Executive Compensation to Firm Performance. *The Journal of Business*, Vol. 68.

[15] Canarella G. and Nourayi M. (2008) . CEO Compensation and Firm Performance: Adjustment Dynamics, Non-linearity and Asymmetry, *Managerial and Decision Economics*, 29 (4) .

[16] Cichello M (2004) . The Impact of Firm Size on Pay-performance Sensitivities. *Journal of Corporate Finance* 11.

[17] Firth MY, Fung P, Rui OM (2006) . Corporation Performance and CEO Compensation in China, *Journal of Corporation Finance*. 12.

[18] Gaver J and Gaver K (1998) . The Relation between Nonrecurring Accounting Transactions and CEO Cash Compensation, *Accounting Review* 73 (2).

[19] Jackson S, Lopez T and Reitenga A. (2008) . Accounting Fundamental and CEO Bonus Compensation. *Journal of Accounting and Public Policy*, 27.

[20] Jensen M and Murphy K (1990), Performance Compensation and Top Management Incentives, *Journal of Political Economy*, Vol 98.

[21] Kato T, Kubo K (2004) . CEO Compensation and Firm Performance in

Japan: Evidence from New Panel Data on Individual CEO Pay. *Journal of The Japanese and International Economies.*

[22] Lewellen W, Loderer G, Martin K, Blum G. (1992). Executive Compensation and the Performance of the Firm. *Managerial and Decision Economics*, Vol. 13, No. 1.

[23] Murphy KJ (1999). Executive Compensation. *Handbook of Labor Economics* Volume 3B, Chapter 38, pp: 2485 - 2563.

Share-holder Type, Monopoly and Pay-performance Sensitivity

—The Asymmetry and Stickiness of CEO Compensation

Li Xiaochuang

Abstract: This paper examines the asymmetry and stickiness of pay-performance sensitivity, by comparing the positive firm performance to negative firm performance and comparing the performance increase to performance decline. The main findings indicate that the connection between CEO compensation and firm performance is enhanced when firm performance is positive or increasing, while the connection becomes loosen when firm performance is negative or declining. Furthermore, the CEO compensation of SOEs and protected industries is featured with stronger asymmetry and stickiness in comparison with private firms and competitive industries. The intrinsic logic is that the market status of a firm, represented by its share-holder type or monopoly status, determines the corporate governance structure, which makes the pay-performance sensitivity asymmetrical and sticky. As a conclusion, the reform of SOEs and protected industries is needed as an important part of market economy transformation.

Key Words: Pay-performance Sensitivity; Asymmetry; Stickiness

JEL Classification: J31; L25; M12

农村公共物品供给模式与农民需求

邓蒙芝*

摘　要　建构农民需求导向的农村公共物品供给制度是社会主义新农村建设的重要方面。本文利用一套具有一定全国代表性的农村社区层面的面板数据，通过对农民需求偏好及投资意愿的考察，以农村道路建设为例实证检验了农村公共物品供给模式与农民需求满足之间的相关关系。结果显示，由村庄自筹的供给模式与农民需求偏好呈现出显著的正相关关系，而完全由上级供给的模式则表现出显著的负相关关系。因此，构建以农民需求为导向的农村公共物品供给体制，提高农村公共物品供给效率，必须创新现有的农村公共物品供给模式。

关键词　农村公共物品；供给模式；农民需求

一　引言

长期以来，城市偏向型的发展战略不仅导致了城乡收入差距（蔡

---

* 邓蒙芝，管理学博士，主要研究方向：农村发展、农业技术经济。本研究得到了国家自然基金重大项目（71033003）的资助；感谢导师中国科学院农业政策研究中心张林秀研究员的悉心指导和帮助；感谢审稿人的建议。文责自负。

昉，2003），而且相对于城市来说，政府对农村公共物品和公共服务的投入严重不足，城乡之间的公共物品和公共服务差距悬殊（农村地区公共产品筹资方式研究课题组，2005）。近年来随着“公共财政覆盖农村”的具体实践，政府对农村公共物品和公共服务的覆盖范围不断拓展，投入力度也不断加大（丁学东、张岩松，2007）。2009 年中央财政预算支农支出为 7161 亿元，比 2003 年增加了近 2.5 倍（财政部，2010）。

然而，投入增加并不是改善农村公共物品供给的唯一决定因素。按照公共经济学理论，如果公共品的供给能有效地满足居民的需求偏好，则公共部门的资源配置便处于偏好匹配的均衡、有效状态（阿特金森、斯蒂格里茨，1994）。据此，Shah（1998）提出了“回应性”（responsiveness）标准，依据这一标准，只要与民众的需求偏好相一致，无论政府在某一支出项目上投入多少都是合理的。

那么，农民的需求偏好是什么样的，农村公共物品供给是否能够满足广大农民的需要偏好呢？现有的不同供给模式是否都能够满足农民的需求偏好？如何创新现有的公共物品供给模式以更好地满足农民的需求偏好？研究这些问题对于建立以需求为导向的农村公共物品供给机制，提高农村公共物品供给绩效具有现实意义。

当前，从农民需求角度来研究农村公共物品越来越受到学者的重视，并突破了以往研究停留在定性和理论分析层面的局限，经验研究特别是基于大量数据资料的研究开始出现。刘义强（2006）基于华中师范大学中国农村问题研究中心于 2005 年组织的一项全国农村公共产品需求的调查，考察了农民公共产品的需求现状、结构和特点；孔祥智和涂圣伟（2006）以农业税取消作为研究的基本环境假定，借助实践调查资料，以农田水利基础设施为例对影响农户农村公共物品需求的各种环境因素进行了识别；李强等（2006）使用 2003 年和 2005 年的调查数据深入分析了农民对投资资金投向次序和需要农民自己集资兴建项目优先性的排序，以及农民对公共投资活动的满意程度。显然，上述研究没有结合当前农村公共物品的供给状况，无法反映出农民的需求偏好是否得到了满足。

在现有文献中，易红梅等（2008）较早地检验了当前农村公共物品的供给是否反映了当地农民对公共物品的需求。她们的研究结果表明，在2005~2006年间中国农村社区实施的饮用水设施和灌溉设施项目与当地村民对这两类基础设施的投资需求呈现出高度的正相关关系，然而农村社区实施最多的道路项目却并不完全是农民需要的。她们的研究在将单个村民的投资需求加总为村庄层面的投资需求时存在一个技术上的问题：对农户需求的处理采用过于简单的取众数方法，使最终得到的该村村民对基础设施投资的优先顺序并不能很好地捕捉和反映村民真正的投资意愿。本文将克服以上缺点以更好地度量村庄的公共投资活动是否反映农民的需求。

重要的是，在她们的研究中也没有区分不同供给模式对于农民需求偏好的满足可能具有的不同效果。经典的财政分权理论认为，相对于上级政府来说，基层政府更贴近于本地居民，拥有更多的关于本地居民偏好的信息，由于信息的不完全性和不确定性，上级政府在提供地方公共物品上可能存在失误，因此，由地方来供给更有优势（Inman和Rubinfeld，1997；Oates，1999；Tresch，2002）。

Faguet（2004）通过构建一个理论模型分析了由上级政府和基层政府分别提供公共物品满足民众需求的效果，并利用玻利维亚的数据对此进行了实证检验。实证结果认为由地方政府投资公共人力资本和社会服务能够更好地满足居民的需求。而Keen和Marchand（1997）则认为，将公共物品提供的权力下放到地方可能会导致公共支出结构上的系统性“偏差”，从而地方公共物品的供给会过度或不足，也不能很好地满足民众的需求。

本文将以农村道路建设为例，利用一套一定意义上具有全国代表性的面板数据将农民需求状况和农村社区实际发生的公共投资相结合，实证分析农村公共物品供给及其不同的供给模式满足农民需求偏好的有效性。第二部分是理论分析，第三部分介绍数据来源，第四部分分析当前农民对农村公共投资的需求现状和投资意愿，第五部分实证分析农村社区道路供给模式的有效性，最后是结论及政策启示。

二　理论分析

根据 Faguet（2004）的理论模型，不失一般性，设有 T 个社区，每个社区人口数量为 n_j，社区 j 中任一居民的效用函数为线性：$U_i = x_i + \theta_i b(g_j)$。其中，$x_i$ 表示居民 i 所消费的私人物品数量，g_j 为社区 j 的公共物品数量，θ_i 为个人 i 对公共物品 g_j 的偏好，而 θ_{mj} 则代表社区 j 对公共物品的中间偏好。中间效用函数 $U_{mj} = X_{mj} + \theta_{mj} b(g_j)$ 代表社区 j 的福利。根据分权理论的逻辑，本文认为地方政府能够准确地知道社区 j 的中间偏好 θ_{mj}；而上级政府了解偏好 θ_{mj} 的概率为 p，相应地 θ_{-mj} 的概率为 $(1-p)$，$p \in [0, 1]$，在这里 θ_{-mj} 定义为除 θ_{mj} 以外的任意一个数值。

设上级政府在提供公共物品时具有成本优势。当公共物品 g_j 由上级政府提供时，需要征收的人头税为 $\alpha g_j / n_j$，其中 $0 < \alpha \leqslant 1$，而当公共物品 g_j 由地方政府提供时，人头税为 g_j / n_j。当公共物品 g_j 由地方政府提供时，最大化的中间效用函数为：

$$max_{gj}\left[\theta_{mj} b(g_j) - \frac{g_j}{n_j}\right] \tag{1}$$

给定中间偏好和人头税，其一阶条件为：

$$b'(g_j) = \frac{1}{n_j \theta_{mj}} \tag{2}$$

因此，由地方政府提供的公共物品的数量水平是一个关于中间偏好 θ_{mj} 和人口数量 n_j 的函数。

当公共物品 g_j 由上级政府提供时，最大化的中间效用函数为：

$$max_{g1\cdots gT}\left[\sum_j (p\theta_{mj} + (1-p)\theta_{-mj}) b(g_j) - \sum_j \alpha \frac{g_j}{n_j}\right] \tag{3}$$

对地区 j 求解的一阶最大化条件为：

$$b'(g_j)=\frac{\alpha}{n_j(p\theta_{mj}+(1-p)\theta_{-mj})} \tag{4}$$

这时，上级政府提供公共物品的数量水平不仅是中间偏好和人口数量的函数，还是概率 p 和成本优势 α 的函数。

由于效用是关于 g 的严格凹函数，所以 $b''(g)<0$，也就是说 $b'(g)$ 是一个严格递减函数。显然，比较式（2）和式（4）可以看到，在其他条件都相同的情况下，由于成本优势（即 $\alpha<1$），上级政府将会比地方政府提供更多数量的公共物品。

为简单起见，假设 $\theta_{-mj}=0$，通过 $p\theta_{mj}$ 项来分析上级政府对地方公共物品偏好的评价。此时上级政府提供公共物品的均衡条件定义为：$b'(g_{cj})=\alpha/(np\theta_{mj})$。在其他条件不变的情况下，当 $p<1$ 即上级政府低估地方公共物品的偏好时，由上级政府提供公共物品的数量会低于地方政府，居民在预算约束不发生改变时将消费更多的私人物品和更少的公共物品 g。当 $p=1$ 即上级政府准确地了解地方公共物品偏好时，其提供的公共物品数量将不少于地方政府（当上级政府不具有成本优势时（即 $\alpha=1$），上级政府和地方政府提供的公共物品数量相同）。

当 $\alpha=p$ 时，$b'(g_{mc})=b'(g_{ml})$，此时上级政府的成本优势将会抵消其对居民公共物品偏好的低估，无论是上级政府还是地方政府提供公共物品对居民来说都是无差异的。如果 $\alpha>p$，则 $g_{mc}<g_{ml}$，上级政府的成本优势将无法抵消其对偏好的低估，从而由上级政府提供公共物品的数量将低于地方提供。如果 $\alpha<p$，则 $g_{mc}>g_{ml}$，此时上级政府会提供更多的公共物品。

三　数据来源

本文数据来源于 2005 年和 2008 年中国科学院农业政策研究中心组织的具有一定全国代表性的农村社会经济追踪调查。样本的选取是分层随机抽样产生的。具体的做法是：将所有省份（除我国台湾省）按农业生产条件和社会经济发展水平分成五大区域，然后随机选出5个样本省。这5个省分别是：江苏省代表东部沿海发达区域（江苏、浙江、山东、上海、福建、广东及海南）；四川省代表西南地区的省份（四川、贵州、云南、广西和西藏）；陕西省代表黄土高原地区和西北地区（山西、陕西、甘肃、青海、宁夏、内蒙古和新疆）；河北省代表北部和中部省份（河北、河南、安徽、湖北、湖南和江西）；吉林省表东北地区（辽宁、吉林和黑龙江）。每个省分层随机选取5个县作为样本县，具体选样程序是先将全省各个县按照人均工业总产值大小依次排列，按1/5的平均等分从每组随机选出1个县。然后，使用和选取样本县一样的取样方法，在每个样本县里随机分层抽取5个乡镇作为样本乡镇。最后在每个样本乡镇又按贫困和富裕程度不同分别随机选取2个样本村（行政村）。调查共有100个样本村。

2005年的调查在每一个村庄中随机抽取了8个农户，通过访谈来了解村民的需求状况。在农户调查问卷中列出了道路、学校、灌溉、饮用水和诊所等5类投资最为活跃且与其生产和生活密切相关的公共投资项目，让被调查者根据自己的需求偏好来进行排序，将自己认为最迫切、最重要的公共投资项目排在第一位，以此类推。2008年的调查进一步扩大了农户的样本数量，在每一个村庄随机抽取了20个农户来进行访谈。

在每一轮的调查中，通过对村干部（村主任、村支书或村会计）的访问，详细了解了该村的公共投资情况，包括项目类型、实施目的、项目开始时间、项目投资金额、资金来源以及项目的受益范围等。此外，每一轮的调查都收集了村庄的有关社会经济信息，包括：村庄的基本情况如村庄的规模、构成、人均收入等；村庄的土地情况，如耕地面积、农作物种植结构等；村庄的劳动力情况，如劳动力人数、劳动力流动状况、受教育程度等；村庄现有的公共服务状况，如道路、学校、诊所等；村庄的地理位置及自然环境，如距乡镇的距离、水土流失程度等。

四　农民需求现状和投资意愿

（一）农民的需求现状分析

本文首先分析如果给村庄5万元，受访者认为应该如何分配这些资金，优先投资到哪些项目上，即对项目进行一个排序。调查数据显示（见表1），2005年农民最需要的是农村道路投资。有近一半的农户（43.2%）将道路建设排在首位，还有27.7%的农户将道路投资排在相对重要的第二位，只有5.5%的农户认为在5类公共投资中道路建设是最不重要的。而17.5%、17.7%的农户分别认为学校和灌溉设施是最需要进行投资的，远低于道路投资，仅次于学校和灌溉设施的是饮用水投资（15.4%），只有6.2%的农户认为诊所是最需要投资的。总体而言，2005年农户对公共投资的需求优先顺序依次为：道路、灌溉、学校、饮用水和诊所，其中对道路投资的需求尤为迫切。在表1中也列出了2008年的调查结果。与2005年相比，2008年农户对农村公共投资的需求顺序没有发生变化，依然是道路、灌溉、学校、饮用水和诊所。总体来看农民对农村公共投资的需求具有一定的持续性。

表1　农户对农村公共投资的需求优先序　　单位：%

项目	2005年					2008年				
	第一	第二	第三	第四	第五	第一	第二	第三	第四	第五
道路	43.2	27.7	14.6	9.1	5.5	45.1	24.7	13.7	10.3	6.2
学校	17.5	19.5	20.7	19.9	22.5	14.8	19.9	18.9	16.9	29.6
灌溉	17.7	23.6	21.5	19.6	17.6	15.9	21.9	19.4	20.8	22.0
饮用水	15.4	17.3	23.0	24.1	20.4	14.6	17.2	23.4	26.1	18.7
诊所	6.2	12.0	20.2	27.4	34.1	9.8	16.3	24.7	25.9	23.5

数据来源：中国科学院农业政策研究中心2005年和2008年的调查。

农户对农村公共投资的需求序列存在着一定的省际差异。表2列出了 5 个样本省农户认为最需要投资的公共项目。2005 年江苏省分别有 58.1%、18.1%、10.6%、8.1% 和 5.0% 的农户将道路、灌溉、饮用水、学校和诊所列为最需要投资的公共项目；四川和河北也与江苏有一样的需求排序；吉林有 42.9% 的农户将道路排在首位，其次是学校（20.2%）和灌溉（19.6%），而饮用水（9.5%）和诊所（7.7%）则被排在后两位；和其他 4 省相比，陕西省有更多的农户（31.9%）将学校排在首位，而将道路（28.8%）排在第二位，在陕西省也有相对较多的农户（26.3%）将饮用水列为最需要的公共投资项目，而对灌溉（6.9%）和诊所（6.3%）的需求则远不及其他项目强烈。

和 2005 年相比，2008 年的调查结果显示（见表 2）除河北省以外，其他四省农户对道路的需求变得更为强烈，越来越多的农户将道路列为最需要投资的公共项目。并且，有些省份（江苏、吉林）的需求排序发生了微调，譬如 2008 年江苏省农户的需求排序为道路（60.5%）、灌溉（15.0%）、学校（11.3%）、饮用水（6.8%）和诊所（6.5%）；有些省份比如陕西省的需求排序发生了较大变化，2008 年陕西省的需求排序为道路（33.8%）、饮用水（23.3%）、学校（18%）、诊所（13.8%）和灌溉（11.3%）；而有些省份（四川和河北）需求排序则没有发生变化，仍然为道路、灌溉、饮用水、学校和诊所。

表 2　农户最需要的农村公共投资项目（分省）　　单位：%

省份	道路		学校		灌溉		饮用水		诊所	
	2005 年	2008 年	2005 年	2008 年	2005 年	2008 年	2005 年	2008 年	2005 年	2008 年
江苏	58.1	60.5	8.1	11.3	18.1	15.0	10.6	6.8	5.0	6.5
四川	46.9	50.8	10.6	11.0	19.4	16.5	16.3	11.0	6.9	10.8
陕西	28.8	33.8	31.9	18.0	6.9	11.3	26.3	23.3	6.3	13.8
吉林	42.9	48.0	20.2	16.6	19.6	9.5	9.5	14.7	7.7	11.2
河北	38.8	32.1	16.3	16.7	23.8	27.1	16.9	16.9	4.4	7.2
平均	43.2	45.1	17.5	14.8	17.7	15.9	15.4	14.6	6.2	9.8

数据来源：中国科学院农业政策研究中心 2005 年和 2008 年的调查。

（二）农民的公共品投资意愿分析

以上的分析是针对村里如果有5万元，农户希望的投资去向，而下面本文将转向农户自己的出资意愿。表3的结果显示，农户如果自己出钱投资，他们对道路的出资意愿最高，91%的农户愿意出资修建道路，这和前面对村里5万元的投资意向是一样的。这反映出农民不但希望上级政府包括村组织能出钱修路，而且在需要的时候自己也愿意集资出钱修建道路，说明道路对于农民生产、生活的重要性。而农户对于饮用水和灌溉设施的出资意愿也相对较强，特别是对饮用水投资农户自己筹资的意愿高于对村里5万元的投资意向。由于学校合并，一些村庄的学校被取消，因此对学校的投资意愿无论是村里的5万元钱还是农民自筹资金都较低。农户对诊所的投资意愿也很低，原因可能是村庄中的诊所多由私人经营为主的市场提供。总之，农户对自己筹资的意愿依次表现为：道路、饮用水、灌溉、学校和诊所，除饮用水项目之外基本和由村庄或上级投资的意向一样。

和2005年相比，2008年农民的筹资意愿有所增强，特别是农户对诊所的出资意愿大为增强，甚至超过了农户对学校的出资意愿，排在出资序列的第四位，道路、饮用水和灌溉依然排在前三位。这一变化有可能是农村新型合作医疗的推广使农民“有病就医”的意识有所增强，进而认识到社区诊所的重要性。

表3　2005年和2008年农民出资意愿

单位：%

项　目	愿意		不愿意	
	2005年	2008年	2005年	2008年
道　路	90.57	92.94	9.43	7.06
学　校	76.70	86.24	23.30	13.76
灌　溉	80.79	88.14	19.21	11.86
饮用水	82.53	89.34	17.47	10.66
诊　所	72.58	87.24	27.42	12.76

数据来源：中国科学院农业政策研究中心2005年和2008年的调查

五　实证检验

下面将以农村道路为例考察农村公共物品供给是否满足了农民的需求偏好，不同的供给模式是否都能够满足农民的需求偏好，并进行计量模型分析。在进行分析之前，需要将农户的需求排序进行加总从而得到村庄的需求排序。这里采用心理学测验中经常用到的李克特量表法对农民需求排序进行赋值，排在第一位的赋值为5，第二位赋值为4，依次类推，排在最后一位的赋值为1，并以村为单位计算出样本农户对5类公共投资的平均需求强度指数，根据需求强度指数进行排序即可得到村庄的公共投资需求排序。

（一）描述分析

表4列出了2005年村庄的道路需求和2006～2007年实际实施的道路项目之间的关系。可以看出，2006～2007年有69个村庄实施了道路项目，其中46个（67%）村庄将道路排在需求优先序的首位。从不同筹资类型看，26个村庄实施了村庄自筹道路项目，其中20个（77%）村庄最迫切需要投资的是道路项目；23个村庄实施了上级投资的道路项目，其中14个（61%）村庄将道路项目视为最急需的公共投资项目；41个村庄实施了共同投资的道路项目，其中27个（66%）村庄认为道路是最迫切需要的。

由表4还可以观察到，2005年有66个村庄最迫切需要的是道路投资，其中46个村庄在2006～2007年间实施了道路项目，即70%的村庄道路需求得到了满足。从供给模式上看，在66个最迫切需要道路投资的村庄中，有20个村庄实施了村庄自筹的道路项目，其中10个村庄只实施了村庄自筹项目，即15%的村庄道路需求是完全依靠村庄自筹方式来满足的；14个村庄实施了上级投资的道路项目，其中只有6个（9%）村庄的道路需求是单纯靠上级投资满足的；27个村庄实施了共同投资的道路项目，其中19个（28%）村庄只实施了上级和村庄共同投资的道路项目。

表 4　农村道路投资和农民需求的关系

项目（2006～2007 年）	2005 年村庄道路需求排序					合计
	第一位	第二位	第三位	第四位	第五位	
村庄是否有道路投资						
有（村庄个数）	46	14	8	1	0	69
没有（村庄个数）	20	5	4	1	1	31
村庄是否有自筹道路投资						
有（村庄个数）	20	3	3	0	0	26
没有（村庄个数）	46	16	9	2	1	74
村庄是否有上级道路投资						
有（村庄个数）	14	7	2	0	0	23
没有（村庄个数）	52	12	10	2	1	77
村庄是否有共同道路投资						
有（村庄个数）	27	8	5	1	0	41
没有（村庄个数）	39	11	7	1	1	59

数据来源：中国科学院农业政策研究中心 2005 年和 2008 年的调查。

（二）模型检验

为了对农村公共物品不同供给模式满足农民需求的有效性进行模型检验，本文将待检验的基本回归模型设定为如下的 Probit 模型：

$$Prob\{Project = 1 \mid .\} = \alpha + \beta. Rank + \gamma. Z + \varepsilon \qquad (5)$$

其中变量 *Rank* 为村庄对道路的需求排序，其值为 1 表示村庄最迫切需要道路项目，否则其值为 0，是我们所关心的关键变量，*Z* 为一系列需要控制的村庄特征变量包括村庄的规模，总户数；村庄的地理位置，距乡镇的距离（公里）；村庄已有的道路条件，距最近柏油路的距离（公里）；村庄种植结构，粮食播种面积在农作物总种植面积中所占比例；村庄经济结构，自营工商业户数所占比例；村庄自然资源禀赋，人均耕地面积（亩）；村庄的农业生产条件，耕地的有效灌溉率；村庄人均收入水平（元）；村庄劳动力转移状况，在外务工且在外居住的劳动力所占比例；村庄人力资源水平，高中及以上文化程度劳动力所占比例。为了减少模型中可能出现的联立性偏误，所有的解释变量都是2005年观察到的值。

表5是对解释变量的统计描述。我们一共对模型（1）进行了4次回归来分别检验农村道路投资及不同供给模式的有效性。每一次回归的被解释变量都不同，分别为2006～2007年村庄是否实施道路项目、是否实施上级投资道路项目、是否实施村庄自筹道路项目和是否实施共同投资道路项目。表6报告了4次回归的结果。

表5　解释变量的描述统计

解释变量	全部样本 N = 100	有道路投资的村庄 N = 69	有自筹道路投资的村庄 N = 26	有上级道路投资的村庄 N = 23	有共同道路投资的村庄 N = 41
村庄道路需求（1 = 迫切，0 = 其他）	0.66 (0.5)	0.67 (0.5)	0.77 (0.4)	0.61 (0.5)	0.66 (0.5)
村庄距最近柏油/水泥路的距离（公里）	1.96 (6.4)	2.43 (7.6)	2.54 (4.1)	4.99 (12.4)	2.85 (9.4)
村庄距乡镇的距离（公里）	5.18 (4.1)	5.51 (4.4)	5.77 (4.4)	5.55 (4.8)	5.89 (4.8)
村庄人均耕地面积（亩）	1.78 (1.6)	1.58 (1.5)	1.33 (1.3)	1.11 (0.8)	1.71 (1.7)
村庄粮食面积比例（%）	0.77 (0.2)	0.75 (0.2)	0.77 (0.2)	0.74 (0.2)	0.76 (0.2)
村庄外出务工劳动力比例（%）	0.27 (0.2)	0.29 (0.2)	0.29 (0.2)	0.36 (0.3)	0.32 (0.3)
总户数（户）	261.57 (213.4)	282.63 (215.3)	294.73 (236.2)	193.08 (157.4)	297.95 (211.4)
村庄人均纯收入（元/人）	2608.47 (1474.2)	2623.24 (1504.8)	2767.39 (1696)	2015.75 (1520.8)	2685.07 (1410.9)
村庄耕地有效灌溉率（%）	0.53 (0.4)	0.49 (0.4)	0.58 (0.4)	0.4 (0.3)	0.48 (0.4)
村庄高中及以上劳动力比例（%）	0.13 (0.1)	0.14 (0.1)	0.15 (0.2)	0.1 (0.1)	0.15 (0.1)

注：括号内为标准差。

数据来源：中国科学院农业政策研究中心2005年和2008年的调查。

表5除了列出解释变量的描述统计特征外，还将实施了不同供给模式道路项目村庄的需求状况和特征做了对比。平均来看，66%的村庄将道路视为最需要投资的公共项目；在三种供给模式中，实施上级投资道路项目的村庄对道路的需求意愿相对最弱，只有61%的村庄将道路视为最迫切需要投资的公共项目，而实施了自筹道路投资项目的村庄对道路的需求最为强烈（77%），实施上级和村庄共同投资项目的村庄中有66%的村庄将道路列为最需要投资的公共项目。实施不同供给模式道路项目的村庄特征也具有某种程度的差异，例如实施上级投资道路项目的村庄，相对来说，与外界通达的道路状况最恶劣，耕地资源最为匮乏，农业生产条件差，人均收入水平最低，劳动力的素质也最差，村庄中在外务工的劳动力也最多。

表6　PROBIT模型估计结果

解释变量	是否有道路投资	是否有村庄自筹道路投资	是否有上级道路投资	是否有共同的道路投资
村庄道路需求（1 = 迫切，0 = 其他）	0.1001 (0.4389)	0.1874*** (0.0078)	-0.1186 (0.1502)	0.0272 (0.8034)
村庄距最近柏油/水泥路的距离（公里）	0.0345 (0.3614)	0.0051 (0.3137)	0.0175* (0.0957)	0.0113 (0.154)
村庄距乡镇的距离（公里）	0.0427** (0.013)	0.0138 (0.2702)	0.0056 (0.483)	0.0213* (0.0622)
村庄人均耕地面积（亩）	-0.1337*** (0.0023)	-0.0413 (0.1516)	-0.0661** (0.0161)	-0.0507 (0.2165)
村庄粮食面积比例（%）	-0.1185 (0.6068)	0.3419* (0.0705)	-0.1939 (0.1744)	-0.0305 (0.8819)
村庄外出务工劳动力比例（%）	-0.4436 (0.1123)	-0.1023 (0.6362)	-0.2149 (0.1588)	-0.2816 (0.2238)
村庄自营工商业农户比例（%）	1.7965** (0.037)	0.4666 (0.4301)	-1.3762* (0.085)	1.1275** (0.0455)
总户数（户）	-0.0004* (0.0538)	0.0000 (0.9351)	-0.0007*** (0.0081)	0.0000 (0.9579)
村庄人均纯收入（对数）	-0.0362 (0.8264)	0.0569* (0.0638)	-0.2883*** (0.0011)	0.0196* (0.093)
村庄耕地有效灌溉率（%）	-0.254 (0.2241)	0.3239** (0.0491)	-0.1639 (0.3293)	-0.1411 (0.5449)
村庄高中及以上劳动力比例（%）	0.3008 (0.4048)	0.2715 (0.4783)	-0.4824 (0.259)	0.8401 (0.1184)

续表

解释变量	是否有道路投资	是否有村庄自筹道路投资	是否有上级道路投资	是否有共同的道路投资
省虚拟变量（包括）				
Observations	100	100	100	100
pseudo R-squared	0.449	0.385	0.408	0.372

注：*** $p<0.01$，** $p<0.05$，* $p<0.1$；系数估计值为变量的边际效应。

从表6 Probit模型的估计结果看，当被解释变量为“村庄是否实施道路项目”时，解释变量 *Rank* 的系数为正但并不显著，这说明，当前我国农村道路投资总体上没有很好地满足农民的需求，农村公共投资效率整体不高。为了进一步考察各种供给模式的有效性，我们又分别以村庄是否实施自筹、上级投资以及共同投资的道路项目为被解释变量进行了回归分析，回归结果显示，不同供给模式具有的供给效率不尽相同。

在三种供给模式中，村庄自筹的方式与农民的需求相关性最强，当被解释变量为村庄是否实施自筹道路项目时，解释变量 *Rank* 的估计系数显著为正，说明由村庄自筹的道路项目和村民对道路的需求偏好之间具有很好的匹配性，满足了农民对道路的需求。从控制变量的估计结果看，粮食种植比例较高的地区和农业生产较好的地区村民自筹道路投资的积极性更高，一方面是因为村庄自筹的道路主要是田间生产道路，与这些地区人们的日常生产密切相关，另一方面也反映出上级部门在传统农业地区和粮食主产区的公共责任缺位，迫使农民不得不承担起道路投资的责任。富裕地区的村庄也有更多的自筹道路投资项目。

在农业税免征以后的2006～2007年间，农村社区实施最多的上级和村庄共同投资的道路项目没有很好地考虑村民的需求偏好，与农民的需求相关性较弱。当被解释变量为“村庄是否实施共同投资道路项目”时，解释变量 *Rank* 系数为正但并不显著。从其他解释变量的估计看，那些收入水平高、非农经济相对发达的地区更有机会实施配套式的道路投资项目。

三种模式中，上级投资的供给模式和农民需求的匹配性是最差的，农民的需求并不能在这种供给模式下反映出来。当被解释变量为是否实施上级投资的道路项目时，解释变量 *Rank* 的系数为负且显著性水平在15%，即最迫切需要道路投资的村庄反而获得上级投资的概率较低，但是从其他控制变量的估计结果上我们也发现，上级投资明显地投向了那些自然条件差、收入水平低以及与外界通达不便利的贫困地区，具有统筹区域发展的外部效应。

为什么农村公共物品供给的不同模式在满足农民需求上表现如此大相径庭呢？

首先，从公共经济学的理论来看，村级组织处于农村公共服务的第一线，最清楚本辖区和本社区农村公共服务需求方——农户的真实需求，而上级政府特别是层级越高的政府，在农村公共物品的供给中，由于信息不对称问题的存在，越会导致供给与需求的不对称甚至错位。

其次，从委托代理理论来看，村庄自筹的道路投资项目委托人是村民，代理人是村组织，他们之间的委托代理层次最少，委托代理链条最短，此时代理人的行为最容易监督，同时监督成本也较低，代理人违背委托人目标函数的程度也就较小，农民的需求就能够更好地被满足。对于那些由上级投资的公共服务，由于农民的弱势地位，农民作为委托人很难通过有效的监督和激励机制来约束政府的行为，政府往往更倾向于提供反映自身偏好（如政治平衡、维护国家稳定、部门利益、对下级政府的控制等）的公共物品（宋小宁、苑德宇，2008；周美多、颜学勇，2008）。

再次，税费改革要求村内兴办集体和公益事业，要通过村民大会或村民代表大会集体讨论、研究，采取“一事一议”的办法筹集部分资金，因此，对于那些通过“一事一议”筹资兴办的公共服务，由于符合多数农户的利益，其供给和农民需求高度匹配，供给效率相对较高（林万龙、刘仙娟，2006）。

最后，当前作为农村公共物品供给主要筹资形式的上级和村庄共同筹资由于基层政府包括村级组织在很大程度上受制于上级的要求或者“期望”，上级行政力量的强制干预使共同供给模式产生了某种程度的扭曲，并进而导致了供给和需求的脱节。

六　结论和政策启示

改革农村公共物品供给机制，建构农民需求导向的农村公共物品供给制度是社会主义新农村建设的重要方面（刘义强，2006）。本文利用两次跟踪调查的数据考察了农民对农村公共投资的需求现状和投资意愿，并以道路为例通过计量模型实证检验了农村公共投资及供给模式是否能够满足农民的需求偏好。

主要结论是：第一，农民对那些和其日常生产生活息息相关的项目需求和投资意愿较为强烈，尤其是道路；第二，农村公共物品供给没有很好地满足农民的需要，从这一点上看效率偏低；第三，农村公共物品的不同供给模式与农民需求满足的相关性不尽相同。

村庄自筹的方式由于有“一事一议”的制度保障，且委托代理链条相对最短，信息优势明显，监督成本也相对较低，因而供给效率相对最高，提供的公共物品和农民需求高度匹配。而上级投资则出于政治平衡、国家稳定以及统筹发展等的考虑往往更倾向于提供反映自身偏好的公共物品，而忽视农民的需求偏好甚至提供了农民并不急需的公共物品。上级政府和村庄共同筹资的方式则由于上级行政力量的强制干预产生了某种程度的扭曲，导致供给和需求的脱节。

由此得到的政策启示是，建构农民需求导向的农村公共物品供给制度可以考虑一些学者提出的对于以村为受益范围的农村公共物品实行“政府筹资、村级供给”的新的筹资和供给机制（林万龙、刘仙娟，2006）。所谓“政府筹资”，就是政府进一步增加对农村公共投资的转移支付力度，并直接拨付到村；“村级供给”就是这笔转移支付的资金使用权在村，以避免农村公共物品供给中的逆向选择。

实行“政府筹资、村级供给”筹资机制，必须要改善村庄治理水平，加强村庄的民主建设。通过民主强化村民对村级组织的监督，提高村级组织公共物品提供决策的权威性和合法化，以此来约束和监督可能发生的寻租和腐败行为，增强村级组织的资源整合能力，使公共财政支持下的公共服务向下延伸时有合适的组织依托（徐勇，2007）。

参考文献

[1] 蔡昉：《城乡收入差距与制度变革的临界点》，《中国社会科学》2003年第5期。

[2] 丁学东、张岩松：《公共财政覆盖农村的理论和实践》，《管理世界》2007年第10期。

[3] 孔祥智、涂圣伟：《新农村建设中农户对公共物品的需求偏好及影响因素研究——以农田水利设施为例》，《农业经济问题》2006年第10期。

[4] 李强、罗仁福、刘承芳、张林秀：《新农村建设中农民最需要什么样的公共服务》，《农业经济问题》2006年第1期。

[5] 李文：《农村道路投资与减贫》，《农业技术经济》2007年第4期。

[6] 林万龙、刘仙娟：《税费改革后农村公共产品供给机制创新：基于交易成本角度的探讨》，《农业经济问题》2006年第4期。

[7] 刘义强：《建构农民需求导向的公共产品供给制度》，《华中师范大学学报（人文社会科学版）》2006年第2期。

[8] 宋小宁、苑德宇：《公共服务均等、政治平衡与转移支付》，《财经问题研究》2008年第4期。

[9] 徐勇：《在社会主义新农村建设中推进农村社区建设》，《江汉论坛》2007年第4期。

[10] 易红梅、张林秀、Hare、刘承芳：《农村基础设施投资与农民投资需求的关系——来自5省的实证分析》，《中国软科学》2008年第11期。

[11] 赵阳：《从“农民负担”走向“公共财政”》，《经济研究参考》2008年第31期。

[12] 周美多、颜学勇：《中国专项转移支付的政治逻辑：问题、原因与出路》，《当代财经》2008年第9期。

[13] Faguet, J. - P. , 2004, "Does Decentralization Increase Government Responsiveness to Local needs? Evidence from Bolivia", *Journal of Public Economics.* (88) (3 - 4) .

[14] Inman, R. P. , D. L. , Rubinfeld, 1997, "Rethinking Federalism", *The Journal of Economic Perspectives.* 1997.

[15] Keen, M. , M. Marchand, 1997, "Fiscal Competition and the Pattern of Public Spending", *Journal of Public Economics.* (66) (1) .

[16] Oates , S. W. , 1999, " An Essay on Fiscal Federalism", *Journal of Economic Literature.* (37) .

[17] Shah, A. , 2006, "A Practitioner's Guide to Intergovernmental Fiscal Transfers", World Bank Policy Research Working Paper 4039.

[18] Tresch, R. W. , *Public Finance: A Normative Theory*, 2002, Academic Press.

Supply Patterns and Local Needs

Deng Mengzhi

Abstract: It is an important aspect of the new socialist countryside construction to construct rural public goods supply system based on local needs. Using a set of panel data at the rural community level this paper investigates the local needs and the willingness of public goods investment. Then the relationship between supply pattern and local needs of rural public goods is empirical tested in the case of rural road. The results show that there is a significant and positive correlation between the pattern of village supply and local needs but a significant negative correlation between upper-government supply and local needs. Therefore, it is necessary to innovate the existing supply pattern to build rural public goods supply system oriented to local needs to improve the efficiency of rural public goods supplement.

Key Words: Rural Public Goods; Supply Pattern; Local Needs

JEL Classification: J01, J60

创业行为对总体就业水平的影响

——利用中国数据进行的实证分析

杨　旭*

摘　要　本文通过定性与定量相结合的方法探讨了创业对我国就业的影响。具体的做法是，首先建立一个古典的、包容创业因素的就业决定模型；之后，以此为基础用中国的数据进行计量分析。最后得出两点重要结论：一是创业人数的增加会伴随着当期就业数量的下降。其原因是失业的增加会促使一些个体放弃找工作的念头转而进行创业；二是创业产生的企业通常在经过两年的经营之后，才会产生较强的劳动力需求。具体而言，创业人数每增加1%，会使就业人数在两年后增加大约0.03个百分点。

关键词　创业；就业；单位根检验；主流经济学

一　引言

近年来，虽然我国的经济保持了高速增长，但与此同时失业问题也

* 杨旭，北京交通大学经济管理学院经济系。

越来越严重。以我国的城镇登记失业率为例，该指标在近些年来一直呈上升的趋势，如图1所示。此外，大学生的就业问题也越来越严峻，2009年我国高校毕业生就业率仅为87.4%。① 为了解决就业问题，2008年党的十七大报告正式提出鼓励创业，促进以创业带动就业的政策。2010年我国政府颁布了《国家促进普通高校毕业生就业政策通告》，其中第四点就是“鼓励、支持高校毕业生到中小企业就业和自主创业”。但是，创业是否能够部分解决我国的就业问题呢？如果能解决，解决的力度有多大？到目前为止，还鲜有人研究。本文首先对该问题进行理论探讨，然后进行定量分析，较好地回答了这一问题。

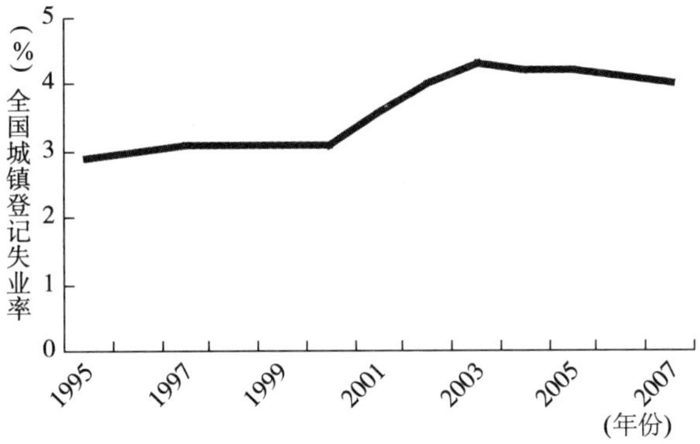

图1　全国城镇登记失业率

数据来源：国家统计局网站。

二　文献综述与理论假说

（一）文献综述

关于创业对就业的影响，已有部分学者予以关注。Birch（1979）

① 数据来源：中国教育部网站文献《87.4%大学生就业率背后》

肯定了创业对就业的正面影响，他认为政府应该努力创造新的工作，而不是努力减少“原有工作的消失”。Birley（1987）利用大规模的统计调查研究创业对就业的实际影响，但得出的结论并不明确。因为他发现创业产生的小公司从开始到随后的6年里，没有显著地扩大规模，且所雇用的员工大部分是自己的亲戚或朋友。而且大部分这样的小企业其目的并不是做大做强。Ansgar Belk 等人（2003）认为创业（风险投资产生的新企业）对经济及就业的影响很大程度上取决于一国的金融结构。在以德国和日本为代表的“以银行为主要融资手段”的金融环境中，新企业的影响力小；而在以美国为代表的“以股市为主要融资手段”的金融环境中，新企业的影响力大。

国内也有学者对创业的影响进行了研究，如邱琼、高建（2004）和李政、柳春江（2005），他们的贡献主要是研究创业与经济增长之间的关系，其结论是：创业活动确实能对国家经济增长起到促进作用，但其中的促进机制尚不明朗。江栋、王丽霞、张峁（2009）以企业密度的概念为基础，论证了创业对经济增长具有促进作用。这些研究大多是论述创业对经济增长的影响，只能用以间接地说明创业对就业的影响。我国目前直接予以说明的还没有，本文试图弥补这一空白。

（二）创业行为对就业影响的理论分析

在分析创业的影响之前，首先应该确定什么是创业？在理论上，关于创业的定义有很多种，一个一般性的、同时也很具抽象性的表述来自于邵华钢等人（2005）的定义：“创业就是一个发现和捕获机会并由此创造出价值的过程”。更具象的表达则是玛丽·库尔特（2004）总结的国际管理科学学会（the Academy of Management）的教授协会对创业的定义，即“对新企业、小型企业和家庭企业的创建和经营”。在此定义下，本文认为创业对劳动力需求（或者说就业）的作用有正反两个方面。

1. 正面作用

创业促进了新企业的诞生，进而产生对劳动力的新需求。创业活动的发生，最初的物质形态就是形成企业，企业是创业者有了创业意识之后，将那种意识灵感现实化的载体和依托物。因此，创业必然意味着新企业的建立。当然，企业的规模有大有小，参与的人员也是可多可少，甚至可以是创业者一人或者一个小团体，即个体户企业。但是，无论是何种规模、何种形式的企业，自其创立以来就会带来一定规模的工商业活动，引导一些有共同目标的人一起工作，那么，自然而然就会产生就业岗位，缓解就业压力。

另一种增加就业的机制是，一部分新企业的创建者是原来某家旧企业中的员工，他们的离开使旧企业需要雇用新的员工。

2. 负面作用

首先，由创业而诞生的新企业中，大部分企业的规模都比较小，寿命都比较短。徐香梅（2005）在中华全国工商联合会2005年编写的《中国民营企业发展报告》中发表的文章显示，中国民营企业平均寿命只有2.9年。因此，这会出现一种可能的情况：那些创业者如果不选择创业，而是选择像普通劳动者一样受雇于某家既有的、规模较大的企业，那么他（她）将有一份相对平稳的工作。而选择创业，一旦破产，则创业者本人又将加入到失业的大军之中。而且，一旦企业破产，企业中所有的员工也将重新成为失业者。虽然从宏观而言，这样的情况不可能同时、大面积地发生，但还是有可能提高劳动力市场的流动性，使劳动者的收入不稳定。

其次，还是来自徐香梅（2005）的报道：根据抽样调查显示，我国民营企业自我融资比例达90.5%，银行贷款仅为4.0%，非金融机构为2.6%，其他渠道为2.9%。由此可见，在我国，创业者主要使用的是自有资金。在这种情况下，一旦创业失败，投入的自有资金将血本无归。这样一来，创业人员虽然表面上在一段时间内确实是有工作可干的，但实际上可能并没有因此而获得收入，从而产生隐形失业。

最后，盲目地鼓励大学生创业也会造成部分人力资本的流失。即本来大学毕业了，可以根据自己的专业找份踏实的工作，做到学有所用，但盲目的创业可能使他（她）在创业失败后发现自己原来所学的知识已经遗忘了。

三　实证分析

前面提出了创业给就业带来的正反两方面影响，但综合起来看，到底哪一方占优呢？这需要进行定量分析。而在对该问题进行定量研究的过程中，最主要的困难是："创业活动"只是众多影响"就业"因素的其中之一，因此不能简单地对创业与就业进行直接的计量分析，而应该首先建立起一个能够解释就业、包容"创业"因素的一般模型。然后再根据理论模型进行定量分析。本文即沿着这一思路进行研究。

（一）理论模型的建立

主流经济学在分析某一产品的价格与交易量时，都是将其置入"需求—供给"的框架之中，并且只讨论"均衡的价格"与"均衡的数量"。本文按此逻辑，在经典理论的基础上，分别对劳动力市场的需求函数与供给函数进行一系列的假设与推论，从而构建出一个能够说明"创业活动"对均衡就业数量影响的供求模型。

1. 劳动力市场的需求函数

首先，从单个生产者的角度出发，根据主流经济学的经典假设，个体生产者在决定对劳动力的雇用数量时，会以满足利润最大化为目的，即，

$$Max:\pi = Q(l,k) \times P - lw - kr$$

利润最大化的一阶条件是：

$$\frac{\partial \pi}{\partial l} = MP_l \times P - w = 0$$

$$\frac{\partial \pi}{\partial k} = MP_k \times P - r = 0$$

其中，w 代表工资水平；r 代表利率；MP_l 代表劳动的边际产出；MP_k

代表资本的边际产出。根据上述一阶条件，可得隐函数形式的单个企业的劳动力需求函数：

$$. MP_l(l,k) = \frac{w}{P}$$

假设生产函数为道格拉斯形式，即，$Q(l,k) = A \times l^{\alpha} \times k^{\beta}$，其中，$0 < \alpha < 1, 0 < \beta < 1$。那么单个企业的劳动力需求函数为：

$$l = \left[\left(\frac{p}{w} \right) \times \alpha \times A \times k^{\beta} \right]^{\frac{1}{1-\alpha}} \tag{1}$$

如果假设整个市场中有 n 个同样的企业，那么整体市场的劳动力需求函数为：

$L = n \times l = n \times \left[\left(\frac{p}{w} \right) \times \alpha \times A \times k^{\beta} \right]^{\frac{1}{1-\alpha}}$，其中 L 为总劳动投入量。

如果令 $K = n \times k$ 为总资本存量，那么整体市场的劳动力需求函数可写为：

$$L = n^{\left(\frac{1-\alpha-\beta}{1-\alpha}\right)} \times \left[\left(\frac{p}{w} \right) \times \alpha \times A \times K^{\beta} \right]^{\frac{1}{1-\alpha}} \tag{2}$$

如果假设满足“规模报酬不变”的条件，即 $\alpha + \beta = 1$，则上式转变为：

$$L = \left[\left(\frac{p}{w} \right) \times \alpha \times A \right]^{\left(\frac{1}{1-\alpha}\right)} \times K \tag{3}$$

即，从式（3）中看不出厂商数目“n”的增加会对总体劳动力需求产生怎样的影响。这并不奇怪，因为在“规模报酬不变”的条件下，新建一个厂商与已有厂商增加等量的劳动力与资本的结果是一样的。由此可知在“规模报酬不变”的框架下，无法解释新厂商的诞生问题。只有当生产出现“规模报酬递减”时，新建厂商才是有利可图的。即，只有当 $\alpha + \beta < 1$ 时，式（2）才能体现出“厂商数目”对劳动力需求的正向影响。反之，如果是“规模报酬递增”，即 $\alpha + \beta > 1$，则“厂商数目”对劳动力需求产生的是负面影响。

而笔者认为，在我国，“规模报酬递减”与“规模报酬递增”都有可能出现。对前者的解释是：由于我国在过去的计划体制下，企业冗员问题十分严重，企业规模（主要是人员）超过有效率状态的情况非常严重也非常普遍，所以出现“规模报酬递减”的情况并不奇怪。事实上，中国的经济体制改革在相当长的时期内就是因为使资源（特别是劳动力资源）在市场力量的指引下，向着有效率的状态重新配置而产生了高速经济增长。而后者“规模报酬递增”，则可以用杨晓凯（1998）的理论，即产权的改革与市场经济的推动导致社会劳动分工的加深来解释。但是，本文假设，即使存在“规模报酬递增”，即 $\alpha+\beta>1$，要素投入仍然有“边际报酬递减”的特点，即仍然有 $\alpha<1$，$\beta<1$。

对（2）式两边取对数，得对数形式的需求函数：

$$\ln L=(\frac{1-\alpha-\beta}{1-\alpha})\ln n+\frac{1}{1-\alpha}(\ln p-\ln w+\ln\alpha+\ln A+\beta\ln K) \tag{4}$$

取对数之后，实际上实现了需求函数的“线性化”，即获得了如下形式的需求函数：

$$\ln(L^{D})=a-b\times\ln(\frac{w}{p}) \tag{5}$$

其中

$$a=(\frac{1-\alpha-\beta}{1-\alpha})\ln n+\frac{1}{1-\alpha}(\ln\alpha+\ln A+\beta\ln K);\quad b=\frac{1}{1-\alpha}$$

2. 劳动力市场的供给函数

仿照式（5），笔者进一步遵循古典经济学的假设，认定存在着劳动力的供给曲线。同时进一步假设，还存在着线性的、对数形式的供给曲线，即：

$$\ln(L^{S})=c+d\times\ln(\frac{w}{p}) \tag{6}$$

其中 d 为“实际工资的劳动供给弹性”。

参数 c 则包含了“非实际工资因素”对劳动供给的影响。根据布兰查德（2003）的教科书可知，在这些因素中，最重要的有两点。一是经济活动人口数量的变化，用 x 表示。显然经济活动人口增加，劳动供给就会增加；二是人们对未来价格的预期，用 P_t^e 来表示。当预期未来价格提高后，供给减少。因此，参数 c 应该表示为：

$$c = c(\underset{+}{x}, \underset{-}{P_t^e}) \tag{7}$$

当然，除此之外，还应该有“性别比例”“年龄分布”“制度”，以及“社会风俗”等众多因素，在这里可将其视为外生常量。

3. 劳动力市场的均衡

在当前的主流经济学中，劳动力市场（特别是宏观劳动力市场）的均衡并不是古典意义上的市场出清状态，而是存在一定“自然失业率”的状态，因此这样的均衡状态可用下式表达：

劳动力需求 = 劳动力供给 - 自然失业

或者是：

劳动力需求 = 劳动力供给 × （1 - 自然失业率）

用符号表示为：

$$L^D = L^S(1 - \pi) \tag{8}$$

将上式两边取对数得：

$$\ln L^D = \ln L^S + \ln(1 - \pi) \tag{9}$$

再将式（5）、式（6）代入式（9），可得下式：

$$a - b \times \ln(\frac{w}{p}) = [c + d \times \ln(\frac{w}{p})] + \ln(1 - \pi)$$

由此可得均衡的实际工资对数值：

$$\ln(\frac{w}{p}) = \frac{a - c - \ln(1 - \pi)}{d + b} \tag{10}$$

将式（10）代入式（4），并将其中的 a 和 b 还原至式（5）的内容，可得“均衡就业数量”的对数值：

$$\ln L = [1 - \frac{1}{d(1-\alpha)+1}] \times [(\frac{1-\alpha-\beta}{1-\alpha})\ln n + \frac{1}{1-\alpha}(\ln\alpha + \ln A + \beta\ln K)] + \frac{c}{d(1-\alpha)+1} + \frac{\ln(1-\pi)}{d(1-\alpha)+1} \tag{11}$$

显然式（11）过于繁琐，因此将其简化为下列形式：

$$\ln L = \zeta + \delta \times c + \phi \times \ln n + \varphi \times \ln K + \delta \times \ln(1-\pi) \tag{12}$$

其中：

$$\zeta = [1 - \frac{1}{d(1-\alpha)+1}] \times (\frac{1}{1-\alpha})(\ln\alpha + \ln A)$$

$$\delta = \frac{1}{d(1-\alpha)+1}$$

$$\phi = [1 - \frac{1}{d(1-\alpha)+1}] \times (\frac{1-\alpha-\beta}{1-\alpha})$$

$$\varphi = [1 - \frac{1}{d(1-\alpha)+1}] \times \frac{\beta}{1-\alpha}$$

因为经济学一直认为劳动供给是缺乏弹性的，即$0<d<1$，① 同时根据前面对于给定参数的假定，可以确定：$\varphi>0$；$\delta>0$。

至于ϕ的正负号问题，即创业活动对就业数量的影响是正还是负？在目前的假设下它应该是“负”的；但如果“规模报酬递增”的假设不成立，则是“正”的。究竟是正是负，需要通过计量分析来寻找答案。

（二）计量分析

本文将根据式（12），进行定量分析。

1. 变量的选取

根据式（12），理论上应该选择的变量包括：$\ln L$、$\ln n$、$\ln K$、

---

① 大部分经济学派认为劳动供给是缺乏弹性的，许多实证分析也支持这一点，但是真实经济周期理论则要求劳动供给弹性要大一些。本文在这里虽然先行认为劳动供给缺乏弹性，但在后面也得到了数据的支持。

ln（1 − π）以及参数 c 中所包含的 x 和 P_t^e，而现实中找到所有对应的指标和数据有一定的困难，所以本文的计量分析所选定的变量如下。

①劳动力数量（L）：使用“全部就业人数”；

②总资本（K）：首先在本文中这个概念仅指“物质资本”。我国没有直接的“物质资本”统计数据，所以本文利用张军（2002）的方法估算出该相应的数值。

③自然失业率（π）：使用“城镇登记失业率”；

④创业数量（n）：由于大多数创业活动都集中在私营和个体企业中，因此，本文将用私营和个体企业创业人数来代表“总创业人数”，反映创业活动发展状况。其中，私营企业用私营企业投资人数反映创业人数，个体企业用个体户数反映创业人数。

⑤预期价格（P_t^e）：预期是人们根据过去的信息来推断未来的事情。本文假设人们只根据上一期的价格来预测本期的价格，所以引入“滞后一期的消费者物价指数”（P_{t-1}）作为解释变量。

数据来源于国家统计局网站，选用的时间段是 1995～2007 年。

至于“经济活动人口 x”，有两个原因使本文没有引入该变量。一是我国计算并公布该数据的历史很短，只从 1998 年才开始有；二是我国在计量“经济活动人口”时，是按照美国的标准统计的，即 16 周岁及以上，有劳动能力，参加或要求参加社会经济活动的人口。但我国由于存在着严格的退休制度（美国没有），所以目前定义的该统计量不太符合中国的国情。

（1）平稳性检验

本文利用 eviews5.0 对所选变量的对数值进行了单位根检验，检验的结果是：变量 ln$L$、ln$n$、ln$K$ 都是二阶单整序列。变量 P_{t-1}、ln（1 − π）是一阶单整序列。检验的过程见附录一。

由于所有变量都不是平稳序列，所以尝试建立协整模型。

（2）建立协整模型

协整模型一：

首先，以 $\ln L$ 为因变量，以 $\ln n$、$\ln K$、$\ln(1-\pi)$，以及 P_{t-1} 为自变量建立协整模型。结果如下：

$$\begin{aligned} \ln L &= 10.62418 - 0.01858 \times \ln n + 0.06844 \times \ln K - \\ t &= (272.061) \qquad (-2.534) \qquad (20.182) \\ & \quad 0.75741 \times \ln(1-\pi) - 0.00060 \times P_{t-1} \qquad (13)① \\ & \quad (-3.593) \qquad\qquad (-5.815) \end{aligned}$$

调整后 $R^2 = 0.998$；$F = 1615.198$；$DW = 2.166$

由各项统计量可见，方程高度显著，每个变量也高度显著；残差不存在自相关；而且残差通过平稳性检验（过程见附录二）。所以，可以认为该协整模型建立得比较成功。这里唯一的问题是变量 $\ln(1-\pi)$ 前的系数与定量分析不符；但考虑到实际研究时是用“城镇登记失业率”代替了“自然失业率”，偏差较大，同时该变量并非我们研究的重点，所以选择接受目前的分析结果。

根据该模型，可以得出结论：创业活动的增加，在当期对就业具有较为显著的“负面影响”。这一点与本文假设下得到的分析结果是一致的。对此可以有两种解释：一是因为本文的前提假设是成立的，即我国的宏观生产过程确实具有“规模报酬递增”的特征；二是因为回归方程（13）体现的是“创业”与“就业”之间的相关关系。而在当期，这种相关关系可以表现为：因为失业者增加，很多失业者选择自己创业，所以“创业”与“就业”之间存在负相关关系。实际上，Shapero and Sokol（1982）在解释创业动机时，已经明确地提到了这一点（江栋等，2009）。所以，虽然这里的实证研究结果与理论分析的结果是一致的，但仍需要谨慎对待，因为目前我们忽略了“时间滞后”问题，即从创业到形成对劳动力的需求，中间是需要经过一段时间

① 所有检验统计量均只保留小数点后三位。

的，因此“创业”对“就业”的影响问题我们还需要进一步探讨。

协整模型二：

根据前一小节的分析，本文尝试用 ln*n* 的滞后数据再做回归。经过不断尝试，发现在滞后二期时，对就业的影响最为明显。结果如下：

$$
\begin{aligned}
\ln L &= \underset{(272.061)}{10.37026} + \underset{(-2.5341)}{0.02630 \times \ln n} + \underset{(20.182)}{0.05459 \times \ln K} - \\
&\quad \underset{(-3.593)}{1.52841 \times \ln(1-\pi)} - \underset{(-5.815)}{0.00043 \times P_{t-1}} \qquad (14)①
\end{aligned}
$$

（括号内为 t 值）

调整后 $R^2 = 0.998$；$F = 1084.589$；$DW = 2.185$；

而且残差通过平稳性检验（过程见附录二）。

根据模型二，我们发现：模型整体仍然十分显著，其他变量也仍然高度显著，且系数符号与式（13）也相同，只有“创业”变量前的系数变为正号，且影响显著。因此可以得出结论，创业活动在经过两年之后，会对就业产生明显的带动作用，其大小是：创业人数每增加 1%，会使就业增加 0.03 个百分点。有趣的是，这一结论可与邱琼、高建（2004）的结论相互印证，后者的统计研究表明，创业对滞后 2 年的 GDP 具有最显著的正向相关性。

四　总结

本文通过理论模型的构建，以及实证研究最终得出两点重要结论：一是创业人数增加会伴随着就业数量在当期下降的情况。其原因是失业增加促使一些个体放弃找工作的念头转而进行创业。二是创业产生的企业通常在经过两年的经营之后，才会产生较强的劳动力需求。

当然，本文是从宏观的角度看待创业与失业的关系，而更深入的研究需要对微观创业企业进行大规模的追踪调查。

① 计算 ADF 数值时，均采用了 eviews 自动设置滞后阶数的功能。

附录一：各变量的平稳性检验

1. 对 ln$L$ 进行的单位根检验

(1) 对水平值进行单位根检验

H_0：假设 ln$n$ 具有单位根

单位根的具体形式	ADF 数值①	P 值	判断
带常数项	-5.393858	0.0014	拒绝
带常数项和趋势项	0.963973	0.9989	接受
不带任何项	1.329320	0.9422	接受

(2) 对一阶差分值进行单位根检验

H_0：假设具有单位根

单位根的具体形式	ADF 数值	P 值	判断
带常数项	-1.544536	0.4753	接受
带常数项和趋势项	-3.870058	0.0547	拒绝 *
不带任何项	-2.178553	0.0352	拒绝

(3) 对二阶差分值进行单位根检验

H_0：假设具有单位根

单位根的具体形式	ADF 数值	P 值	判断
带常数项	-4.417578	0.0100	拒绝
带常数项和趋势项	-4.096279	0.0508	拒绝 *
不带任何项	-4.417578	0.0100	拒绝

注：带 * 号的，代表以 10% 的显著程度判断，其余均以 5% 的显著程度判断（以下相同）。

由上述结果可判断：ln$L$ 是一个带有趋势项和常数项的单位根过程，即二阶单整。

2. 对 ln$n$ 进行的单位根检验

(1) 对水平值进行单位根检验

① 计算 ADF 数据时，均采用了 eviews 自动设置滞后阶数的功能。

H_0：假设 ln*n* 具有单位根

单位根的具体形式	ADF 数值	*P* 值	判断
带常数项	-0.960769	0.7267	接受
带常数项和趋势项	-2.009440	0.5334	接受
不带任何项	1.806088	0.9750	接受

（2）对一阶差分值进行单位根检验

H_0：假设具有单位根

单位根的具体形式	ADF 数值	*P* 值	判断
带常数项	-2.049383	0.2648	接受
带常数项和趋势项	-2.102040	0.4841	接受
不带任何项	-1.881380	0.0599	拒绝 *

（3）对二阶差分值进行单位根检验

H_0：假设具有单位根

单位根的具体形式	ADF 数值	*P* 值	判断
带常数项	-3.121006	0.0574	拒绝 *
带常数项和趋势项	-3.222805	0.1428	拒绝（解释如下）
不带任何项	-3.310145	0.0039	拒绝

虽然根据 *P* 值（或 ADF 值），不能拒绝“带常数项和趋势项的单位根过程”的原假设，但是根据该假设估计出的“常数项”“趋势项”都没有通过显著性检验，各自的 *t* 值分别为 -1.209868、1.229816。所以可以拒绝原假设。

由上述结果可判断：ln*n* 是一个带有趋势项和常数项的单位根过程，即二阶单整。

3. 对 ln*K* 进行的单位根检验

（1）对水平值进行单位根检验

H_0：假设 ln$K$ 具有单位根

单位根的具体形式	ADF 数值	P 值	判断
带常数项	-1.406434	0.5401	接受
带常数项和趋势项	-2.617144	0.2830	接受
不带任何项	0.311247	0.7573	接受

（2）对一阶差分值进行单位根检验

H_0：假设具有单位根

单位根的具体形式	ADF 数值	P 值	判断
带常数项	-1.647489	0.4280	接受
带常数项和趋势项	-1.660963	0.6992	接受
不带任何项	-1.643519	0.0928	拒绝 *

（3）对二阶差分值进行单位根检验

H_0：假设具有单位根

单位根的具体形式	ADF 数值	P 值	判断
带常数项	-3.184820	0.0521	拒绝 *
带常数项和趋势项	-2.256724	0.4163	拒绝（解释如下）
不带任何项	-3.344949	0.0036	拒绝

虽然根据 P 值（或 ADF 值），不能拒绝“带常数项和趋势项的单位根过程”的原假设，但是根据该假设估计出的“常数项”“趋势项”都没有通过显著性检验，各自的 t 值分别为 -0.399228、0.715879。所以可以拒绝原假设。

由上述结果可判断：ln$K$ 是一个带有常数项的单位根过程，即二阶单整。

4. 对 ln（1 - π）进行的单位根检验

（1）对水平值进行单位根检验

H_0：假设具有单位根

单位根的具体形式	ADF 数值	*P* 值	判断
带常数项	-1.406434	0.5401	接受
带常数项和趋势项	-2.617144	0.2830	接受
不带任何项	0.311247	0.7573	接受

（2）对一阶差分值进行单位根检验

H_0：假设具有单位根

单位根的具体形式	ADF 数值	*P* 值	判断
带常数项	-1.647489	0.4280	拒绝（解释如下）
带常数项和趋势项	-1.660963	0.6992	拒绝（解释如下）
不带任何项	-1.643519	0.0928	拒绝 *

在对一阶差分值进行检验时，虽然根据 *P* 值（或 ADF 值），不能拒绝“带常数项和趋势项的单位根过程”和“带常数项的单位根过程”这两种原假设，但是根据这两个假设估计出的“常数项”“趋势项”都没有通过显著性检验。第一个原假设下，常数项与趋势项各自的 t 值分别为 -0.851012、0.687011。第二个原假设下，常数项的 t 值是 -0.544308。所以两个原假设都可以拒绝。（实际上，在对水平值进行检验时，按此逻辑，“带常数项和趋势项的单位根过程”和“带常数项的单位根过程”这两种原假设也可拒绝。）

由上述结果可判断：$\ln(1-\pi)$ 是一个既不带趋势项，也不带常数项的单位根过程，一阶单整。

5. 对 price 进行的单位根检验

（1）对水平值进行单位根检验

H_0：假设具有单位根

单位根的具体形式	ADF 数值	*P* 值	判断
带常数项	-2.246641	0.2025	接受
带常数项和趋势项	-8.590215	0.0003	拒绝
不带任何项	-1.144703	0.2151	接受

（2）对一阶差分值进行单位根检验

H_0：假设具有单位根

单位根的具体形式	ADF 数值	*P* 值	判断
带常数项	-6.957179	0.0005	拒绝
不带任何项	-5.410418	0.0002	拒绝

注：根据对水平值的检验，已经没必要对一阶差分值进行“带常数项和趋势项”单位根检验。

由上述结果可判断：pirce 是一个带有常数项的单位根过程，即一阶单整。

附录二：残差的平稳性检验

1. 对模型一的残差进行检验

H_0：假设残差具有单位根

单位根的具体形式	ADF 数值	*P* 值	判断
带常数项	-5.157833	0.0031	拒绝
带常数项和趋势项	-4.654681	0.0220	拒绝
不带任何项	-5.156105	0.0002	拒绝

可见，残差不含有单位根，是平稳的。

2. 对模型二的残差进行检验

H_0：假设残差具有单位根

单位根的具体形式	ADF 数值	*P* 值	判断
带常数项	-3.285353	0.0448	拒绝
带常数项和趋势项	-2.931277	0.1971	拒绝（解释如下）
不带任何项	-3.472064	0.0029	拒绝

虽然根据 P 值（或 ADF 值），不能拒绝“带常数项和趋势项的单位根过程”的原假设，但通过观察残差图，该序列已经不带有任何趋势成分。检验结果也是如此，根据该假设估计出的“常数项”“趋势

项”都没有通过显著性检验，各自的 t 值分别为 0.133221、-0.060628。所以可以拒绝该假设。

可见，残差不含有单位根，是平稳的，协整模型的建立是成功的。

参考文献

[1] 布兰查德：《宏观经济学》，清华大学出版社，2003。

[2] 江栋、王丽霞、张弟：《企业密度、创业与经济增长》，《经济论坛》2009 年第 24 期。

[3] 李政、柳春江：《创业与经济增长理论研究述评》，《当代经济研究》2005 年第 12 期。

[4] 玛丽·库尔特（Mary Coulter）：《创业行动》，中国人民大学出版社，2004。

[5] 邱琼、高建：《创业与经济增长关系研究动态综述》，《外国经济与管理》2004 年第 1 期。

[6] 邵华钢等：《决胜商业计划书》，北京电子工业出版社，2005。

[7] 徐香梅：《企业平均寿命 2.9 年》，《中国民营企业发展报告》，《深圳商报》2005 年 7 月 6 日。

[8] 杨晓凯：《经济学原理》，中国社会科学出版社，1998。

[9] 张军、吴桂英、张吉鹏：《中国省际物质资本存量估算：1952～2000》，《经济研究》2004 年第 10 期。

[10] Ansgar Belke, Rainer Fehn, Neil Foster, 2003. Does Venture Capital Investment Spur Employment Growth? CESIFO Working Paper, No. 930.

[11] Birch, D. L, *The Job Generation Process*, Published by Cambridge, MA: MIT Press, 1979.

[12] Birley S. New Ventures and Employment Growth, *Journal of Business Venturing*, 1987, (2), 155 - 165.

[13] Shapero, Albert and Sokol, Lisa. The Social Dimensions of Entrepreneurship, *Encyclopedia of Entrepreneurship*, 1982, pp. 72 - 90.

The Impact of Entreprenueship on the Total Employment

—A Quantitative Analysis Based On Chinese Data

Yang Xu

Abstract: This paper, by combining qualitative and quantitative methods, explored the impact of entrepreneurship on China Employment. Firstly, the paper established a classical model to show how all the factors, including entrepreneurship, determine the total labor demand. And then based on such a model, Chinese data were used to complete a quantitative analysis. At last, two important conclusions were drawn. The first one was that with the increasing of the number of entrepreneurship, the number of persons employed declined at the same time. The reason is that high unemployment prompted some individuals to give up the idea of looking for jobs and shift to start their own business. The second one was that the business emerged by venture operating generously will generate strong demand for labor two years later. Specifically, every 1% growth in the number of business will increase 0. 03 percentage in the number of persons employed two years later.

Key Words: Entrepreneurship; Employment; Unit Root Test; Mainstream Economics

JEL Classification: C22, E24, D21

文献综述

中国收入分配问题的再认识

——新时期中国收入分配国际研讨会综述

程　杰*

由中国社会科学院人口与劳动经济研究所承办的中国社会科学院《中国社会科学论坛（2011/2012）》于2012年1月6～7日在北京召开。会议邀请来自世界银行、经济合作与发展组织（OECD）、亚洲开发银行、德国、澳大利亚、日本、韩国等约80位国内外知名专家学者，就“新时期中国收入分配问题”进行了深入研讨，在一些重要问题上形成了具有参考价值的认识。现综述如下。

一　我国当前收入分配现状究竟怎么样?

收入分配是社会各界关注的热点问题，收入差距扩大是社会上一致的看法，但是，学术界最近出现了不同的声音。国家统计局2000年以后不再公布全国基尼系数，有关我国收入分配现状的认识从此失去了一致认可的数据来源，这也成为学术界对我国收入分配状况的判断存在争议的重要原因。

一种观点是收入差距在不断扩大，收入分配在继续恶化。北京师范

* 程杰，中国社会科学院人口与劳动经济研究所。

大学的李实研究得出，2002～2007 年全国总体基尼系数分别为 0.478 和 0.421，基尼系数上升了 5%～7%。澳大利亚的 Pundarik Mukhopadhaya 测算的结果更高，1980～2008 年中国总体的基尼系数从 0.327 上升到 0.508，其中，农村从 0.275 上升到 0.371，城镇从 0.168 上升到 0.328。亚洲开发银行的万广华和中国社科院的朱玲都认为，最近 10 年的居民收入不平等还在继续扩大，尤其是城乡差距扩大成为收入差距扩大的最主要来源，对全国总体收入差距的贡献达到 40%。

但是，也有观点认为收入差距趋于稳定，甚至出现缩小趋势。OECD 的 Richard Herd 研究表明，中国农村内部基尼系数实际上从 2001 年的 0.44 已经下降到 2010 年的 0.39，城市内部基尼系数在 2005 年以后基本保持在 0.34 左右，而全国总体基尼系数在 2005 年以后基本稳定在 0.46 左右，收入差距扩大的趋势已经停止。Richard Herd 认为，中国加入 WTO 后市场经济成分越来越强，劳动力市场发生重大变化，以及农村税费改革、农业补贴等政策对于改善收入分配都发挥了积极作用。中国社科院的都阳认为，2005～2010 年城镇中低收入组的收入增长速度更快，劳动力市场发育发挥了缩小收入差距的作用。中国社科院的张展新认为，最近年份农民工收入增长很快，但这一群体并没有很好地被纳入城乡收入统计范围，因此，实际的城乡收入差距可能并没有那么大。根据在陕西某市、四川某县的农村住户和城镇住户的调查，由于外出务工收入统计被低估，城乡收入差距被高估了 23%。

关于我国收入分配现状的不同看法，主要是由于缺乏一致认可的数据来源，而不同的研究结论源于不同的数据和方法。如世界银行的赵敏认为，目前大量统计数据之间没有统一口径，缺乏较好协调，这是导致对收入分配形势判断存在争议的重要原因之一。因此，国家有必要重新公布我国收入分配问题的官方数据，为全社会形成共识提供基础，而不能仅依靠零散的民间数据作为判断基础，这样可能会误导公众和决策。当然，基尼系数本身并不能全面地反映中国的收入分配问题，初次分配中的分配不公等问题并不能从数据中体现，有必要进行更深入的研究。

二　从国际比较来看我国收入分配差距多么严重？

我国存在比较严重的收入分配问题已经成为全社会的共识，但究竟严重程度如何仍然是一个有争议的问题。与会专家对此也有不同的看法，有人认为我国的收入分配差距非常严重，已经威胁到国家和社会稳定，但也有人认为从国际比较来看，我国的收入分配问题并非到了不可救药的危险地步，相对于有些国家要更缓和。

中国的收入差距高于大多数发达国家，但低于一些发展中国家。OECD 的 Richard Herd 研究发现，中国城市劳动力市场的不平等程度要比所有 OECD 国家都严重，尤其是北欧国家，与美国、加拿大的水平差不多，但要低于墨西哥、巴西和南非等新兴市场经济国家。一个突出的差别是，中国的初次分配差距与发达国家接近，但再分配后中国收入差距并没有缩小，而发达国家大大缩小。Richard Herd 的研究表明，发达国家在政府转移支付、税收等再分配政策实施后，居民收入的基尼系数大约降低 10 个百分点，例如，日本再分配前后的居民收入基尼系数分别为 0. 43 和 0. 28 左右，德国分别为 0. 45 和 0. 35 左右，英国分别为 0. 41 和 0. 26。但是，中国的再分配功能并没有发挥作用，如果能够实现类似于发达国家的再分配，中国的收入分配将能大幅改善，而目前的收入分配状况也并不可怕。

而且，当前中国的收入差距表现出城乡差距大的特点，这与很多发达国家和发展中国家并不一致。清华大学的王丰研究发现，中国不平等的地区差距贡献达到 40%，而美国不平等的地区差距贡献仅为 4%。同样是新兴市场经济国家，中国的城乡差距很大，而巴西的城乡差距则较小，更主要的是城乡内部收入差距很大。若将中国的城镇和农村分开来看，中国的收入差距在国际上均不是很高。亚洲开发银行的万广华认为，若城乡差距完全消除，全国总体的收入不平等能够下降 30% ~ 40%，中国的收入差距问题则能够基本解决。因此，认识中国的收入分配问题既要有国际视角，也要考虑到地域广阔、地区差距明显等自身特点，这样才能更准确地把握解决问题的关键。

三　我国收入差距扩大何时会出现拐点？

收入差距随着经济发展水平呈现出先扩大而后缩小的变化轨迹是美国经济学家库兹涅茨提出的一个假说。这一假说经常被人们引用并作为收入分配问题会随着经济发展而自动得到解决的理论基础。但事实上，这一假说到目前为止仍然没有被经验所证实，也缺乏坚实的理论基础。不过，很多发达国家在经济发展过程中，确实出现了收入差距先扩大后缩小的变化规律，这使得人们仍然对中国收入差距扩大何时会出现拐点感兴趣。对此，与会专家提出了不同的看法和见解。

有观点认为中国收入差距扩大已经出现拐点。OECD 的 Richard Herd 认为，最近 5 年中国的收入不平等比较稳定，并没有明显加快上升，这对于中国库兹涅茨转折点的判断是正面的。中国社科院的张车伟认为，库兹涅茨的原假设是城乡收入有差别，当两个部门变成一个部门后一定会出现转折点，按照这个原假设，中国应该已经达到或者很快将达到这个转折点，但是，由于缺乏很强的理论基础，仅从原假设意义上讨论这个转折点是没有出路的。中国社科院的蔡昉归纳了已经出现的“库兹涅茨事实”：一是与刘易斯转折点有关，即剩余劳动力已经不多，普通劳动者的工资开始提高，出现了工资趋同、收入收敛。第二是与经济增长有关，拉美国家由于不平等问题而被称为“拉美陷阱”，但最近 10 年在经济较快增长的同时收入差距开始显著缩小，这其中也有中国拉动的因素。第三是政府重视收入分配对于社会稳定的意义，克鲁格曼总结美国经验认为，政府的意愿和政策对于改善收入分配非常重要。第四是技术和产业变化，新技术、信息产业等变化不一定使所有人共享收益，从而不利于收入分配改善。第五是全球化，全球化中贸易并不必然给所有人带来好处，自由贸易也可能带来总福利损失，导致收入差距扩大。由劳动力市场决定的刘易斯转折点和库兹涅茨转折点应该会出现，但是，目前中国的收入分配受到劳动力市场、资源占有、制度因素等多方面的影响。

也有观点认为中国收入差距扩大的拐点还需要很长时间。韩国的 Keun Lee 研究认为，劳动力过剩和地区差距是中国不平等的重要来源，中西部仍然有很多的剩余劳动力，中国不会很快进入库兹涅茨转折点，预计可能要到 2020 年左右。中国社科院的张展新认为，政府再分配效应存在滞后，大概还需要一代人才会有明显的收入分配转折。亚洲开发银行的万广华认为，农村人口迁移到城市后，第一代人的收入水平仍然较低，下一代的收入才会逐步提高，收入不平等下降还需要较长的时间，而且，不平等的转折不仅是下降问题，而是要下降到一个合理区间或水平。日本的 Hiroshi Sato 也认为，库兹涅茨转折点应该是一个阶段，不是一个点。

有学者对库兹涅茨假设的适用性提出了质疑。清华大学的王丰认为，当前国际经济形势已经与库兹涅茨假设提出的时代发生了很大变化，这个时代讨论库兹涅茨转折点可能意义并不大。香港中文大学的吴晓刚认为，库兹涅茨转折点可能就是个假命题，中国改革初期的不平等下降就与原假设不一致，中国的不平等是个多维度的变化，不能用这个假说来解释。澳大利亚的 Pundarik Mukhopadhaya 认为，国际经验表明经济发展和不平等之间并没有很强的相关关系，库兹涅茨假设的确存在一定局限性，不应该拘泥于假说本身。

另有学者认为收入差距扩大拐点不会自然到来，需要有完善的收入分配制度作为重要条件。中国社科院的张平认为，由于影响不平等的因素很多，库兹涅茨曲线可能不会按照理想状态自然收敛，新卡尔多事实也表明，美国收入差距扩大的主要原因是人力资本，并且差距将长期存在。世界银行的赵敏认为，中国在刘易斯转折点之后可能会带来收入不平等的自动消除，但是，教育、技术进步可能会加大不平等。香港中文大学的吴晓刚认为，政府政策对于收入不平等转折点的出现很重要。因此，讨论库兹涅茨转折点对于理解中国收入分配问题具有积极意义，但是，中国面临经济转型、全球化等更加复杂的环境，理论上的库兹涅茨转折点到来也并不意味着中国的收入分配问题就根本解决，需要从更广泛的层面研究我国的收入分配问题。

四　中国劳动报酬份额过低吗？

劳动报酬份额低被认为是当前我国国民收入分配格局不合理的重要体现。对此，与会专家也提出了一些看法，认为目前社会上关于劳动报酬份额的认识存在一些误区。张车伟认为，这一误区首先来自使用不同口径数据不恰当地进行比较，近些年劳动报酬份额大幅度下降更多的是统计口径调整的结果，并不必然反映初次收入分配状况变化的真实情况。

从国际比较来看，中国劳动报酬份额问题也被夸大了。相对于发达国家，中国的劳动报酬份额较低，美国约60%、日本约55%、欧洲国家基本在50%左右。但是，与大多数发展中国家相比，中国的劳动报酬份额并不低，中国社科院的樊明研究发现，中国劳动报酬份额最低的情况也达到48.0%（2008年），而巴西最低为39.8%（2004年），印度最低为27.8%（1994年）。因此，按照中国的发展阶段，目前的劳动报酬份额可能稍微偏低，但并非一般认为的那么严重，蔡昉等也赞同劳动报酬份额偏低存在夸大的情况。

对劳动报酬份额的认识不清可能会误导政策。世界银行的赵敏提出，有观点认为服务业是劳动密集型，大力支持服务业就可以提高劳动报酬份额，但是，中国等发展中国家与发达国家的服务业存在本质差异，发展中国家的服务业更多是低端服务业，生产率水平要低于第二产业，盲目发展服务业未必一定带来劳动报酬份额的增加。因此，有必要正确认识劳动报酬份额问题，简单的产业结构调整并不能实现劳动报酬份额的提高，反而可能造成严重的效率损失。

五　解决收入分配问题主要靠初次分配还是再分配?

从市场本身所导致的收入差距来看，发展中国家和发达国家之间的区别并不十分明显，而当前发达国家收入差距之所以降低到比较合理的程度，主要是再分配政策作用的结果，而发展中国家普遍缺乏有效调节收入差距的再分配手段。OECD 的 Richard Herd 认为，政府转移支付、税收等再分配政策能够使 OECD 国家的基尼系数下降约 10 个百分点，再分配效果十分明显，但中国目前缺乏有效的再分配手段。正因为如此，很多人认为解决中国收入分配应该更多地从再分配入手，而不应该过多地干预初次分配，初次分配应该由市场决定。但是，与会学者也提出了不同的看法。

一些体制问题影响着中国的收入分配格局，仅依靠再分配的手段可能行不通。有学者认为，中国城乡之间、区域之间都有体制内和体制外问题，体制因素造成的差别难以通过收入再分配解决，尤其目前存在的严重分配不公问题，并非市场经济制度自身的问题。清华大学的王丰认为，市场不是简单的出路，相关的制度改革才是关键，中国的不平等需要经济体制的根本性改革。中国社科院的朱玲也认为，再分配制度虽然有助于改善低收入和贫困群体的生存状态，但是，无助于从根本上增强社会公平和消除社会排斥。从根本上扭转收入差距扩大趋势，必须推进初次分配方面制度的改革，它的起点就在于消除垄断和社会排斥。在体制问题的影响下，中国的财富累积对于社会不平等的影响更为深远，尤其是住房成为财富不平等的重要来源。日本的 Hiroshi Sato 研究表明，中国总体的房屋价值的基尼系数在 0.6 ~ 0.7 之间，财富不平等对于中国收入分配带来新的挑战。

解决我国收入分配问题的关键还在于初次分配，从再分配来看，我国当前已经开始实施的政策如社会保障政策、结构性减税政策等都会在不久的将来对收入分配产生有利的影响。目前重点应该是从初次分配入手，消除分配中的不公平现象，堵住不合理收入和非法收入的来源，建立收入正常增长机制。从再分配来看，应该完善社会保障制度，改革财政支出结构，向民生领域倾斜。

六 社会保障体系如何既有利于收入分配又不损害经济增长？

养老保障政策可以发挥良好的收入分配效应，但是，不同类型的社会保障体系的作用存在明显差别。德国的 Christian Toft 介绍了国际上两种基本的养老金体系，一种是俾斯麦体系，需要个人缴费并强调收入与缴费挂钩，德国、奥地利、法国、比利时、西班牙等采用了这类政策，这种体系基本上没有收入分配效果；另一种是贝弗里奇体系，提供一种基本的固定养老金计划，不强调收入与缴费挂钩，如英国、丹麦、荷兰、瑞士等。对比来看，贝弗里奇体系更强调社会公平，具有相对更好的收入分配效应，但是，这一体系激励劳动者更早退休，随着老龄化水平的加深会面临越来越严重的财政负担，而且对经济增长可能产生负面影响。目前诸多学者认为，兼有两种体系的公共和私人混合养老金体系可能更好。

中国目前的社会保障体系可以说是以俾斯麦体系为主，如城镇职工养老保险制度仅关注就业人口，体现了缴费与收益的挂钩，这种制度对收入差距调节的作用不大，而最近年份试点实施的新型农村居民养老保险和城镇居民养老保险两种制度更接近于贝弗里奇体系，强调基本养老待遇的公平。我国社会保障体系的改革应该适当加大贝弗里奇体系的成分，全面推广高龄津贴或建立统一的公共养老金，更强调社会公平，提高社会保障制度对收入分配的调节作用。

七　政府如何在收入分配问题上发挥作用？

政府应该在收入分配问题上发挥重要作用，与会学者对此没有任何争议。对于如何发挥政府作用，与会学者提出了如下看法。

一是加大体制方面的改革。积极推进初次分配方面制度的改革，解决分配不公问题，消除垄断和社会排斥，国家控制的资本要让全体国民较好地分享收益，加快市场化改革，政府主要发挥基本公共服务的功能。

二是缩小城乡差距和区域差距。城市化是解决中国收入分配问题的重要途径，应继续推动农村人口向城镇迁移，消除就业、工资、住房、户籍等相关障碍。

三是加大再分配调节力度，完善社会保障制度。调节政府财政支出结构，加大教育、医疗和卫生等社会保障的支出比重，社会保障制度应该更加重视社会公平，降低社会保障负担，加大对中低收入群体的支持。

四是进一步完善税收制度。考虑用财产持有税、遗产税等手段调节财富差距，继续实施结构性减税，扩大增值税改革范围，长远来看应该形成以直接税为主体的税收制度，发挥税收调节收入分配的功能。

五是建立工资正常增长机制。进一步完善劳动力市场，扩大正规就业，建立国企资本收益的分享机制，健全企业的薪酬管理制度，保证劳动者工资能够与劳动生产率同步增长。

《中国劳动经济学》
征稿启事

就业是民生之本。解决好就业问题，是今后20年建设全面小康社会的首要政策问题。为了填补国内尚没有一份专门出版物来介绍和发表劳动就业问题的空白，我们着手创办《中国劳动经济学》，旨在通过这个平台，广泛动员国内外学者和社会各界力量，共同关注中国就业和社会保障问题，开展全面深入细致研究，为宏观决策、学科建设和研究队伍建设服务。

为了确保《中国劳动经济学》的学术质量和学术地位，我们将聘请国内外知名专家学者组成学术指导委员会，指导和监督《中国劳动经济学》的内容、质量和学术规范。同时，将采取匿名审稿制度，聘请相关的专家学者担任特邀编辑，对所有投稿进行审定，确保质量。

《中国劳动经济学》由中国社会科学院人口与劳动经济研究所、华南师范大学经济与管理学院共同组织，社会科学文献出版社出版发行。欢迎所有关注中国劳动就业和社会保障问题的国内外专家学者、研究人员踊跃投稿。稿件以经济增长与就业、失业、劳动力市场、人力资本、工资、劳动关系、人口转型和社会保障等内容为主。稿件收到后，在三个月内将稿件处理情况通知作者。

《中国劳动经济学》编辑部联系地址为：北京市建国门内大街5号中国社会科学院人口与劳动经济研究所（100732）；联系人：吴要武；联系电话：010－85195416；电子邮件：wuyw@cass.org.cn。或者广东省广州市华南师范大学经济与管理学院（510361）；联系人：张建武；联系电话：020－85213729；电子邮件：zjw0993@126.com，ld@scnu.edu.cn。

中国劳动经济学网站

由中国社会科学院人力资源研究中心、中国社会科学院劳动与社会保障研究中心共同主办的中国劳动经济学网站（http：//www.laborecon.org）已开通。作为中国社会科学院“劳动经济学”重点学科建设中的一个重要组成部分，中国劳动经济学网站提供了有关该学科建设进展情况、研究团队、研究项目和数据资料等信息，并提供最新的工作论文以供下载。此外，《中国劳动经济学》（http：//www.laborecon.org/cnlaborecon/index.html）的相关信息，包括期刊介绍、征稿启事、投稿体例、过刊查询、学术委员会成员和征集匿名审稿人等，都设有专门的栏目予以展示。该网站的一个重要特点在于内容丰富、更新及时。希望了解《中国劳动经济学》以及劳动经济学领域新近研究成果的读者可浏览该网站。

《中国劳动经济学》
投稿体例

1. 稿件应包含以下信息：文章标题；作者姓名、单位、通信地址及邮政编码、电子信箱地址和联系电话；200 字左右的中文摘要，3~5 个关键词；英文标题、作者姓名拼音或英文名、英文摘要、英文关键词、JEL 分类号。

2. 稿件正文内各级标题按下列顺序编号：一级标题用“一二三……”标示，二级标题用“（一）（二）（三）……”标示，三级标题用“1. 2. 3. ……”标示，四级标题用“（1）（2）（3）（4）……”标示。其中，“1.”以下层次标题（不包括“1.”）不单独占行，若稿件层次较少，则“（一）”可略过。

3. 表、图应准确、清晰，分别用阿拉伯数字连续编号，表题居中放在表的上面，图题居中放在图的下面；表、图必须随文排，文中应注明“见表 1、图 1”、“如表 1、图 1 所示”等字样。对表、图进行解释说明的文字，要与表、图内容一致，不要出现错漏。

4. 注释采用当页页下注方式，以圈码“①、②……”标示，每页均从“①”开始。

5. 文中对文献的引用采取如“根据 Black（1948：66）的结

论……”、“单峰偏好……（Black，1948）”的形式。详细参考文献出处统一放在文后，中文在前，英文在后，按照作者姓氏拼音首字母的先后顺序排列，并标注序号，按照［1］、［2］、［3］……的格式。英文书名或期刊名排斜体，刊物中论文题目加引号排正体，英文单词实词首字母大写。体例如下：

［1］王小鲁、樊纲、刘鹏：《中国经济增长方式转换与增长可持续性》，《经济研究》2009 年第 1 期。

［2］蔡昉：《科学发展观与增长可持续性》，社会科学文献出版社，2006。

［3］Harsanyi, John C., 1977, *Rational Behavior and Bargaining Equilibrium in Games and Social Situations*, New York: Cambridge University Press.

［4］Zhang, X. and R. Kanbur, 2005, "Spatial Inequality in Education and Health Care in China", *China Economic Review*, 16 (2), 189–204.

6. 外国人名、专有名词及术语尽量采用公认译法，文中保持统一，并在第一次出现时注明原文名称，如詹姆斯·穆勒（James Mill）、社会保障税（social security tax，也称社会保险税、工薪税）。

7. 投稿请用 A4 纸、小四号宋体、单倍行距单面打印，并请提供电子版。

图书在版编目（CIP）数据

中国劳动经济学．2012年．第8卷．第1期／都阳，张建武主编．—北京：社会科学文献出版社，2013.3
ISBN 978－7－5097－4261－7

Ⅰ．①中…　Ⅱ．①都…②张…　Ⅲ．①劳动经济学－中国－文集　Ⅳ．①F240－53

中国版本图书馆CIP数据核字（2013）第018359号

中国劳动经济学（2012年第8卷第1期）

主　　编／都　阳　张建武

出 版 人／谢寿光
出 版 者／社会科学文献出版社
地　　址／北京市西城区北三环中路甲29号院3号楼华龙大厦
邮政编码／100029

责任部门／社会政法分社（010）59367156　　责任编辑／赵慧英　胡　涛
电子信箱／shekebu@ssap.cn　　责任校对／谢　敏
项目统筹／赵慧英　　责任印制／岳　阳
经　　销／社会科学文献出版社市场营销中心（010）59367081　59367089
读者服务／读者服务中心（010）59367028

印　　装／三河市尚艺印装有限公司
开　　本／787mm×1092mm　1/16　　印　　张／11
版　　次／2013年3月第1版　　字　　数／159千字
印　　次／2013年3月第1次印刷
书　　号／ISBN 978－7－5097－4261－7
定　　价／38.00元